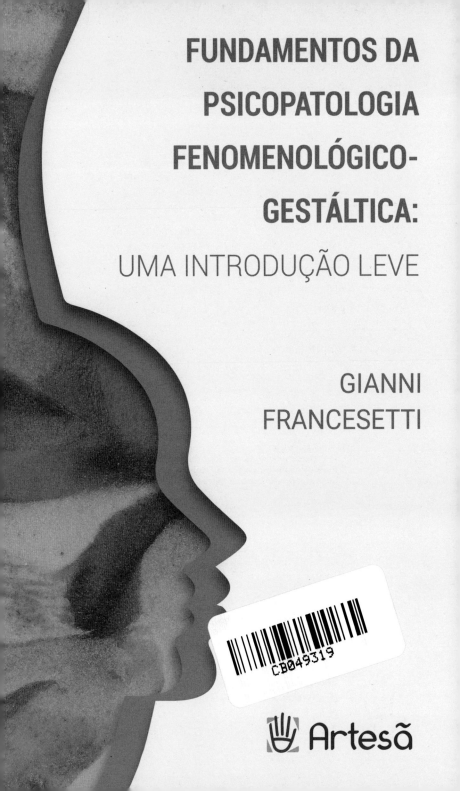

FUNDAMENTOS DA PSICOPATOLOGIA FENOMENOLÓGICO-GESTÁLTICA:

UMA INTRODUÇÃO LEVE

GIANNI FRANCESETTI

Artesã

Fundamentos da psicopatologia fenomenológico-gestáltica:
uma introdução leve

1ª Edição – 2ª Reimpressão, abril de 2023

Copyright © 2021 Artesã Editora

É proibida a duplicação ou reprodução deste volume, no todo ou em parte, sob quaisquer formas ou por quaisquer meios (eletrônico, mecânico, gravação, fotocópia, distribuição na Web e outros), sem permissão expressa da Editora.

DIRETOR
Alcebino Santana

COORDENAÇÃO EDITORIAL
Michelle Guimarães El Aouar

DIREÇÃO DE ARTE
Tiago Rabello

REVISÃO E TRADUÇÃO
Débora Andreza Zacharias

REVISÃO TÉCNICA
Claudia Lins Cardoso

CAPA
Karol Oliveira

DIAGRAMAÇÃO
Luís Otávio Ferreira

F815 Francesetti, Gianni.
     Fundamentos da psicopatologia fenomenológico-gestáltica : uma introdução leve / Gianni Francesetti ; tradução: Débora Andreza Zacharias . – Belo Horizonte : Artesã, 2021.
     160 p. ; 21 cm.
     ISBN: 978-65-86140-50-7.

     1. Psicopatologia. 2. Gestalt-terapia. 3. Fenomenologia. I. Zacharias, Débora Andreza. II. Título.

CDU 159.97

Catalogação: Aline M. Sima CRB-6/2645

IMPRESSO NO BRASIL
Printed in Brazil

📞 (31)2511-2040   💬 (31)99403-2227
🌐 www.artesaeditora.com.br
📍 Rua Rio Pomba 455, Carlos Prates - Cep: 30720-290 | Belo Horizonte - MG
📷 📘 /artesaeditora

5	APRESENTAÇÃO DA EDIÇÃO BRASILEIRA
11	INTRODUÇÃO DA TRADUTORA DA VERSÃO ESPANHOLA
27	INTRODUÇÃO DA EDIÇÃO BRASILEIRA
31	INTRODUÇÃO DA PRIMEIRA EDIÇÃO EM ESPANHOL
37	1. O QUE É A PSICOPATOLOGIA?
41	2. PARA QUE SERVE ESTUDAR PSICOPATOLOGIA?
45	3. EXISTEM DIFERENTES PSICOPATOLOGIAS?
49	4. QUE RELAÇÃO EXISTE ENTRE A PSICOPATOLOGIA E O DIAGNÓSTICO?
55	5. QUAIS SÃO AS ESPECIFICIDADES DA PSICOPATOLOGIA FENOMENOLÓGICO-GESTÁLTICA?
61	6. O QUE É O SOFRIMENTO PSICOPATOLÓGICO?
67	7. QUE RELAÇÃO EXISTE ENTRE A HISTÓRIA PESSOAL E O SOFRIMENTO PSICOPATOLÓGICO?
73	8. QUAIS SÃO AS CARACTERÍSTICAS DO SOFRIMENTO NEURÓTICO, BORDERLINE E PSICÓTICO?
93	9. FAZER OUTROS SOFREREM É UMA FORMA DE SOFRIMENTO?

99	10. QUE RELAÇÃO PODEMOS PERCEBER ENTRE EVENTOS DA VIDA E FORMAS PSICOPATOLÓGICAS ESPECÍFICAS?
105	11. O SOFRIMENTO É TRANSMITIDO ATRAVÉS DAS GERAÇÕES?
115	12. COMO SE ENCONTRA O SOFRIMENTO NA SESSÃO DE PSICOTERAPIA?
119	13. O QUE ACONTECE COM O SOFRIMENTO NA SESSÃO DE PSICOTERAPIA?
123	14. QUE RELAÇÃO EXISTE ENTRE A PSICOPATOLOGIA E A SOCIEDADE?
129	15. E, ENTÃO, COMO FUNCIONA A PSICOTERAPIA?
135	16. ENFIM, QUAL EFEITO PODE TER A PERSPECTIVA FENOMENOLÓGICO-GESTÁLTICA NA PRÁTICA CLÍNICA?
143	REFERÊNCIAS
157	SOBRE O AUTOR

APRESENTAÇÃO DA EDIÇÃO BRASILEIRA

É COM IMENSA ALEGRIA E SATISFAÇÃO QUE APRESENTO ESTE LIVRO do Dr. Gianni Francesetti, psiquiatra e gestalt-terapeuta italiano, à comunidade gestáltica brasileira, especialmente por se tratar de uma obra que aborda um tema tão caro a todos nós, profissionais que lidamos com o ser humano e com as dores do existir: a psicopatologia.

Como a psicopatologia sempre foi um tema de meu interesse, foi com entusiasmo (e uma boa dose de coragem) que me matriculei, em 2018, no Programa de Treinamento Internacional *Gestalt Approach to Psychopathology and Cotemporary Disturbance,* oferecido pelo Istituto di Gestalt, na Itália, coordenado pela gestalt-terapeuta Marguerita Spagnuolo Lobb e pelo próprio Gianni Francesetti. Como um dos professores do curso, através de suas aulas teóricas e das atividades vivenciais por ele conduzidas, tive a oportunidade de conhecê-lo como profissional experiente, didático, sensível no trabalho clínico, e pude testemunhar "no campo" a aplicação clínica de suas propostas e reflexões teóricas. Além disso, ele possui diversas publicações na área, dentre as quais destaco os livros: *Gestalt Therapy in Clinical Practice: From Psychopathology to the Aesthetics of Contact* (livro organizado com Michela Gecele e Jan Roubal), *Obsessive-Compulsive Experiences: A Gestalt Therapy Perspective* (livro do qual ele é o organizador), *Psychopathology and Atmospheres: Neither Inside Nor Outside* (escrito em parceria com

Tonino Griffero), *Absence Is the Bridge Between Us: Gestalt Therapy Perspective on Depressive Experiences* (em coautoria Margherita Spagnuolo Lobb) e *Fundamentos de Psicopatología Fenomenológica-Gestáltica: Una Introducción Ligera* (este último, o primeiro a ser traduzido para o português). Assim, posso afirmar, convictamente, que Gianni Francesetti é um dos grandes pensadores da psicopatologia na contemporaneidade – e na perspectiva da Gestalt-terapia.

Desde a sua origem, a Gestalt-Terapia se integrou ao conjunto das abordagens psicológicas reconhecidas como humanistas e teve como objetivo principal resgatar o potencial da pessoa, enfatizando suas singularidades e ampliando sua capacidade de *awareness*. Coerente com essa perspectiva, descartou-se diagnosticar ou buscar compreender o sofrimento humano em termos de uma teoria da psicopatologia, pois os gestalt-terapeutas "das primeiras horas" entendiam que fazer isso significava uma atitude de despersonalização e de categorização da pessoa em função de um critério nosológico, o que era incompatível com a concepção processual de ser humano proposta pela abordagem.

Nesse sentido, nas primeiras páginas do livro que marcou o início da Gestalt-Terapia, *Gestalt Therapy: Excitement and Growth in the Human Personality*, em 1951, Perls, Hefferline e Goodman ressaltaram o contato como a troca com o meio que promove mudança (ou seja, a assimilação do novo propiciador de crescimento) e a fronteira de contato entre o organismo e seu ambiente, onde ocorrem as experiências humanas. Esta nova perspectiva configurou-se, então, como uma mudança de paradigma na Psicologia, visto que a experiência deixou de ser considerada como se ocorresse "dentro" da pessoa, em uma instância "intrapsíquica", e passou a ser reconhecida como pertencente à esfera do "entre", fruto da relação mútua e constante estabelecida entre a pessoa e seu mundo próprio. Assim, a visão antropológica da abordagem gestáltica que fundamenta tanto a teoria quanto a prática clínica é a do homem como um ser-em-relação constante no campo.

Neste livro, Gianni descreve como essa concepção sustenta os diversos fenômenos da existência humana, especialmente no que tange ao sofrimento humano, às diversas formas de adoecimento existencial e de quadros psicopatológicos, bem como à prática clínica como uma relação especial promotora de um novo equilíbrio, de restauração e de crescimento. Cada capítulo é composto pelas respostas às principais perguntas feitas a ele nos seminários que ministrou em vários países da Europa e da Ásia.

Presença. Ausência. Campo. Humanidade. Sofrimento. Adoecimento. Cuidado. Contato. Experiência. Intergeracionalidade. Sensibilidade. Encontro. Desencontro. Fechamento. Expressão. Abertura. Crescimento. Como se cada um desses conceitos fossem fios, Gianni vai tecendo e compondo uma nova compreensão do adoecimento humano, inclusive nas suas formas mais graves, como uma trama consistente que oferece um suporte coeso e firme ao gestalt-terapeuta em seu trabalho clínico. E o faz de forma clara, congruente e leve, a despeito da densidade e da complexidade do tema "psicopatologia".

O autor bebe na fonte teórica das origens da Gestalt-terapia, especialmente nas raízes da Fenomenologia e da Teoria de Campo, bem como da Psicopatologia Fenomenológica, área sobre a qual tem muito conhecimento a partir de sua formação e larga experiência como psiquiatra. Através de sua escrita, ele apresenta uma proposta de psicopatologia gestáltica que vai muito além de uma classificação nosológica, que parte exclusivamente do reconhecimento de um conjunto de sintomas apresentados pelo cliente. Trata-se de uma nova compreensão das diversas formas do sofrimento humano e do adoecimento existencial à luz da Gestalt-Terapia, através da qual ele convida o leitor a reconhecer diferentes nuances na paisagem composta pelo psicoterapeuta e pelo cliente, no campo cocriado no aqui e agora do encontro terapêutico.

A perspectiva de campo é ressaltada de modo a considerar as dimensões desse encontro com todas as forças em ação, com a energia, com a experiência do tempo e do espaço, com as sensações e sentimentos emergentes. Assim, um campo ansioso é composto por uma dinâmica que desperta uma miríade singular de vivências e de movimentos em ambos, psicoterapeuta e cliente. E estes são muito distintos da dinâmica constituinte de uma paisagem depressiva, borderline, psicótica e assim por diante.

Longe de desconsiderar a contribuição das diferentes abordagens da psicopatologia, o autor nos brinda com uma compreensão coerente e fundamentada nos princípios da Gestalt-terapia, como uma nova Gestalt, o que se configura em uma obra importante para os gestalt-terapeutas e profissionais da área "psi", inclusive para aqueles que acompanham pessoas com graus de sofrimento psíquico mais graves.

O livro é um convite para que o gestalt-terapeuta exerça sua capacidade de conexão interpessoal, de estar em contato com a pessoa do seu cliente, de exercitar a empatia encarnada, não apenas para compreender a experiência do cliente, mas para que ele também possa expressar a sua própria experiência do campo, de modo a possibilitar sua reconfiguração. Ao fazer isso, o psicoterapeuta "se empresta" para que a experiência psicopatológica possa ser revelada com o acolhimento e o suporte necessários, a fim de que a pessoa possa se reconhecer e também reconhecer os recursos que dispõe para ressignificar suas experiências no seu mundo próprio, para ampliar suas potências e para crescer. É uma convocação para que o psicoterapeuta se ofereça como terra fértil através dos seus sentidos, do seu corpo, da sua sensibilidade, além dos seus conhecimentos teóricos, de modo a facilitar que a pessoa do cliente possa florescer na plenitude possível daquele encontro.

Com as complexidades da sociedade contemporânea, as formas de adoecimento se tornam mais variadas e intensas. Isso fica mais evidente agora com a pandemia mundial de COVID-19, período no qual escrevo essa apresentação, cujas consequências sobre a existência humana ainda são desconhecidas. Independentemente de ter sido infectado ou não, ninguém está imune às consequências e desdobramentos da pandemia. Estamos imersos em um campo pleno de inseguranças, de incertezas, de medo e com a constatação inequívoca da nossa finitude. Todas as mudanças bruscas provocadas por ela na nossa relação com o tempo, com o espaço, com os outros e conosco vêm acarretando um aumento exponencial do sofrimento humano e, em várias circunstâncias, sua cronificação. E esse "novo campo" requer do psicólogo e dos profissionais da saúde, dentre tantas outras competências, uma fundamentação teórica sobre sofrimento e sobre psicopatologia que o capacite mais e melhor em sua prática clínica. E estou certa de que este livro oferece uma contribuição inestimável nesse sentido.

Boa leitura!

CLAUDIA LINS CARDOSO
Belo Horizonte, novembro de 2020

INTRODUÇÃO DA TRADUTORA DA VERSÃO ESPANHOLA

ESTE LIVRO NASCEU GRAÇAS À IMENSA GENEROSIDADE DE GIANNI Francesetti e à minha insistência para que ele colocasse por escrito suas concepções sobre psicopatologia gestáltica, tão brilhantemente expostas nos seminários que dá na Espanha e em todo o mundo.

Está estruturado de um modo muito original, como disse seu próprio autor: "a partir das perguntas que recebo com mais frequência durante meus seminários". Portanto, não há capítulos propriamente ditos, mas módulos, mesmo que os tenhamos listado, a princípio, como se se tratasse de um índice.

Depois do meu pedido para que ele escrevesse o livro, houve um pedido seu: "que você fizesse uma introdução com algumas das minhas ideias, em vez de um simples prólogo de apresentação". Obviamente, não pude negar, apesar das minhas suspeitas – para não dizer certezas – de que não estaria à altura do que foi escrito por ele. Conhecemos o ditado: "é de bem nascido ser agradecido". Então, a um texto "leve", precede uma introdução "densa".

O livro que você tem nas mãos, *Fundamentos da psicopatologia fenomenológico-gestáltica: una introdução leve,* de Gianni Francesetti, não tem nada de "leve", como indica seu autor. É um livro profundo, no qual não sobra uma única palavra e não existe "conversa fiada", mas um profundo conhecimento e uma profunda assimilação da Gestalt-terapia' e da psicopatologia, ou estudo do sofrimento humano. É um livro apaixonante e fácil de ler. É poético em muitos parágrafos, comovedor na sua explicação sobre o sofrimento humano e sobre como devemos nos aproximar daqueles que confiam em nós como confidentes das suas formas de sofrimento, com a esperança, muitas vezes perdida, de poder libertar-se dessa "ausência presente", como o autor gosta de chamar, ao compartilhá-la e lhe dar vida outra vez conosco, psicoterapeutas, através do processo de terapia.

Escrito com simplicidade e clareza, ele nos convida a fazer uma reflexão profunda dos nossos próprios conceitos de psicopatologia, da natureza do sofrimento humano, da natureza do ser humano em condições ótimas, de saúde e doença, assim como dos nossos conceitos de psicoterapia, baseados na teoria da terapia da Gestalt.

Gianni expressa, com palavras claras, muitas ideias, apresentando para nós o início do fio de uma meada emaranhada, que geralmente não é fácil de desemaranhar. Ele nos coloca no início de um caminho que, obrigatoriamente, necessitamos continuar percorrendo para sermos bons clínicos. Este livro, na minha opinião, é um ponto de partida para aprofundar, desenvolver e ampliar todas as propostas feitas aqui. Não vale ficar apenas em sua leitura, nem apenas em seu estudo: é necessário ler e reler cada um de seus parágrafos, ampliá-los a partir da nossa própria compreensão de psicopatologia e a partir da nossa teoria, contrastá-los com nossas concepções e ideias e dar a eles nossas formas, nossa assimilação e nossa experiência.

Foi o que aconteceu comigo enquanto traduzia suas páginas. Eu aprendi muito, muitas e novas possibilidade se abriram para mim, comparei minha forma de entender e aplicar na clínica nosso método gestáltico com as formas gerais de psicopatologia que são propostas aqui.

Com profunda incorporação de muitas escolas de filosofia, de psicologia e de psicopatologia, encontrei referências a muitas delas como elementos que sustentam o profundo conhecimento que tem o autor deste livro. Quanto Gianni leu, estudou, assimilou para poder aceitar, recusar, questionar, indagar, descartar e, finalmente, dar forma e elaborar sua maneira de se aproximar ao sofrimento humano?

Sem dúvida, o elemento primordial é nossa teoria da Gestalt-terapia.

Todos sabem da minha paixão por nosso livro fundador, *Terapia Gestalt: excitación y crecimiento de la personalidad humana*[1] e que meu método é baseado radicalmente na teoria exposta ali. Por isso, e durante toda a tradução deste livro, procurei semelhanças e diferenças com meu modo de entender nossa forma de pensar e praticar a psicoterapia.

Com certeza PHG é um livro de difícil leitura, que fala mais da natureza humana em geral, da natureza humana "sadia" e dos momentos de interrupção que causam a neurose sem, aparentemente, aprofundar-se na psicopatologia. Enfatizo "aparentemente", porque acredito que seja assim, apenas aparentemente, pois seu texto principal, que corresponde ao volume I, está salpicado de parágrafos que introduzem aspectos básicos de certas formas de psicopatologia, como por exemplo, quando diz:

> O indivíduo histérico tem "muita espontaneidade e pouco controle em excesso"; diz: "eu não posso controlar as pulsões que surgem". O corpo ocupa todo o primeiro plano e é percorrido

---

[1] No Brasil, o livro foi lançado com o nome "Gestalt-terapia", traduzido para o português e editado pela primeira vez em 1997 pela Summus Editora. A autora da introdução irá mencioná-lo no decorrer do texto usando as iniciais de seus autores: PHG (Perls, Hefferline, & Goodman).

pelas emoções, suas ideias e suas invenções são caprichosas, sexualiza tudo etc. O indivíduo compulsivo supercontrola: não há fantasia, nem sensações ou sentimentos afetuosos, a ação é forte, mas o desejo é fraco (PHG, p. 297, 2002).

E também:

> Na neurose, e ainda mais na psicose, a elasticidade da formação figura/fundo está perturbada [...]. Na psicose se dá a aniquilação de uma parte do dado da experiência, por exemplo, as excitações perceptivas ou proprioceptivas. (PHG, p. 209, 2002).

Eu poderia seguir *in extenso*, citando referências do mal-estar humano esboçadas em nosso texto básico, e estas referências foram um dos pilares fundamentais que Dr. Francesetti seguiu para elaborar o desenvolvimento de uma psicopatologia gestáltica, mesmo que somente cite de passagem nosso texto fundador.

É, portanto, *PHG* o ponto de partida de nossos estudos e nossas reflexões. Nós nos concentramos em algumas de suas sugestões clínicas e encontramos um material que, sem se afastar dos nossos princípios fundamentais, pode ampliar e desenvolver as intuições dos fundadores.

Outro pilar, na concepção da psicopatologia de Gianni, sem dúvida alguma, é a fenomenologia. Autores como Husserl, Heidegger, Merleau-Ponty, Minkowski estão na base de seu pensamento, assim como psicólogos da Gestalt como Koffka, Lewin e Metzger (1899 – 1979).

Mas, a propósito deste último, quero seguir com minhas próprias reflexões, suscitadas por este livro. Não farei um estudo comparativo de nossos pontos de vida, já que esse não é o objetivo desta introdução; apenas abordarei alguns aspectos que considero dignos de nota, como: 1) o pré-contato como fase do processo de contato; 2) a psicopatologia aplicada à infância; 3) a forma de psicoterapia que se deriva de nosso enfoque teórico-clínico.

Como estudiosa das bases da nossa teoria, também foquei na teoria da Psicologia da Gestalt, mais especificamente no fenômeno da percepção como base inicial do processo de contato.

Nas minhas concepções sobre o processo de contato, que "de forma visual" materializo na já famosa "curva", tomei como base uma das escolas filosóficas que Gianni cita de passagem: o pragmatismo americano da Escola de Chicago - William James, John Dewey e, especialmente, George H. Mead. Nas obras desses três autores, encontramos um abundante material que remete diretamente à nossa teoria e que, sem dúvida, fizeram parte das leituras e estudos dos redatores de PHG. Mas, entre todos esses aspectos interessantes que puderam e podem apoiar nossa teoria, quero concentrar-me em George H. Mead. Mead e seu livro *The Philosophy of the Act*[2]. Nesse livro, que lamentavelmente não está traduzido para o espanhol, Mead, ao falar do "ato", divide-o em quatro etapas: a etapa do impulso, a etapa da percepção, a etapa da manipulação, a etapa da consumação. Essas quatro etapas estão diretamente relacionadas com a proposta de PHG para as etapas do processo de contato. De fato, sabe-se que Goodman esteve, durante alguns anos, encarregado da biblioteca da Universidade de Chicago, onde nasceu a escola do Pragmatismo e onde seus três principais representantes foram professores, e é possível encontrar suas obras na biblioteca dessa universidade.

Essa proposta é muito semelhante (além de, como acabei de enfatizar, muitas outras ideias de PHG) à proposta para o nosso processo de contato e, portanto, isso me levou a estudar mais profundamente as ideias desses três autores e focar em como desenvolver mais e melhor as quatro fases do nosso processo de contato.

[2] Sem edição em português.

Comecei pela etapa do pré-contato, na qual está claro que se parte de uma situação "desfocada", de névoa, sem definição entre sujeito e objeto. O processo de contato, na minha opinião, além de servir para a cocriação da experiência e, portanto, como cocriação da realidade enquanto fenômeno social consensual, é indispensável para a diferenciação em um "eu" e "tu" claros ao sair de um "nós" anterior na etapa de contato final, que, em nossa linguagem, poderíamos chamar de confluência.

Se o processo de contato se inicia, então, como uma fase desfocada, não-diferenciada, confusa, com falta de clareza e nitidez, e se a confluência, como a habilidade do *self*, se dá na fase de contato final, o que ocorre no início do processo de contato? Que análise poderíamos fazer dessa primeira fase de não-diferenciação? Como começa o encontro entre um organismo e seu ambiente, entre um paciente e seu terapeuta? Quando começamos cada sessão em um processo de psicoterapia? Partimos de um aqui-e-agora em busca do "seguinte", sem nada *a priori*, nem pré-fixado; o que impulsiona, então, a intencionalidade de contato? Em parte, Mead veio me dar a solução quando diz que, na etapa inicial, a do impulso: "qualquer percepção implica uma estimulação sensorial imediata e uma *atitude* em direção à estimulação; [...], mas aparece na consciência somente como uma *atitude*" (Mead, p. 3, 1972).

Resolvi chamar essa atitude de "confluência de fundo", da qual se sai pouco a pouco devido ao incremento da excitação, guiada pela intencionalidade de contato entre o organismo e seu ambiente no encontro. Mas tenho que dizer que, a partir daqui fiquei emperrada em minhas concepções para poder ir além, na direção de formas de sofrimento que têm a ver com essa fase, sobretudo desde seu início ou, inclusive antes, nesse lugar atemporal que Gianni chama de "além das colunas de Hércules", onde tudo é pré-verbal. Não encontrava material para esmiuçar.

E essa foi uma das gratas surpresas que encontrei nas concepções de Gianni: a inclusão de alguns aspectos da teoria da percepção de Metzger. Gianni, na parte 8 do texto, intitulada "Quais são as características do sofrimento neurótico, borderline e psicótico?", fala das pesquisas de W. Metzger sobre as *Vorgestalten* e as *Endgestalten*. Aqui, tanto Metzer quanto Gianni estão falando dos "momentos", mesmo que sejam praticamente instantâneos, do processo perceptivo. O primeiro, poderíamos quase considerar "primitivo, as *Vorgestalten*. Analisando essa palavra alemã, percebemos que *Gestalten* é um termo bem conhecido pelos gestálticos e quer dizer "figuras", "formas", enquanto *Vor*, em alemão, significa "antes", "diante de", no segundo termo, *End*, quer dizer "final". É isso que diz Gianni: nas *Vorgestalten*, (ou seja, formas perceptivas iniciais) a experiência é difusa, indeterminada e global; e as *Endgestalten* (ou seja, as formas perceptivas finais) são o resultado de um processo que surge de um momento perceptivo muito diverso e mais original" isto é, surgem das *Vorgestalten*.

Gianni encontrou, além de um modo criativo de se aproximar das patologias que quase têm a ver com a função *id* do *self*, como as formas de psicose, uma forma explicativa que serve para que eu dê conteúdo às minhas explicações sobre a "confluência de fundo", na qual a excitação não emerge, tem dificuldade para fazer isso ou está desacelerada.

O segundo aspecto que quero ressaltar é o enfoque de Gianni sobre a origem infantil do sofrimento Mesmo que ele represente isso muito bem na Figura 2 deste livro, poderíamos fazer um quadrado dividido em quatro partes: dividindo o quadrado na vertical pela metade, teríamos à esquerda os maus-tratos, o *descuido* que Gianni chama de *neglect*. Escolhi a palavra "descuido", porque sua etimologia coloca em destaque seu significado. Descuidar (abandonar, não atender, deixar de prestar atenção) vem do prefixo *des-*, inversão da ação do verbo "cuidar", que por sua vez deriva do latim *cogitare*, "pensar em". Na outra metade do quadrado, à direita, está o *abuso*, em todas as sus formas. Abuso, etimologicamente, vem do latim *abusus*, de *ab* – contra – e *usus* – uso –, ou seja, significa um uso contrário ao correto ou indicado. Não é preciso muita explicação para entender em como uma criança deve ser tratada e, consequentemente, qualquer adulto. Com uma linha horizontal dividindo o quadrado, na parte inferior, está o descuido e ao abuso originados desde o nascimento, nos estados pré-verbais; Gianni sugere que é o tempo em que se originam as formas de psicose. A metade superior, que pode também incluir o descuido e o abuso, corresponde às formas verbais, às formas de perda das funções do eu do *self*, como diria PHG, às neuroses. E na zona intermediária estão os transtornos limítrofe ou *borderline*.

Essa classificação não é apenas interessante para compreender as formas de psicopatologia do adulto, mas também para poder elaborar uma teoria gestáltica do desenvolvimento e da clínica de crianças e adolescentes, com suas correspondentes psicopatologias.

Na parte 11 do livro, Gianni fala da perspectiva transgeracional, de como um sofrimento pode ser levado por algum membro da família, de geração em geração. Esse aspecto do sofrimento é, sem dúvida, interessante, mas quero me referir aqui à elaboração de uma teoria de desenvolvimento infantil e adolescente, assim como à uma psicopatologia enraizada em nossa visão de vida e em nossa teoria. Recentemente, Margherita Spagnuolo Lobb (2017), Ruella Frank (2004, 2012), e eu mesma (Vázquez Bandín, 2016, 2017) tentamos construir os alicerces desse projeto; existem alguns artigos, livros e formações sobre psicoterapia gestáltica infantil, mas, em minha opinião, não estão baseados nem em nossas raízes e nem em nossa teoria.

Nosso modelo está firmemente baseado em uma teoria de campo e no aqui-e-agora de cada cocriação da experiência; portanto, é óbvio que o sofrimento que as crianças e os adolescentes trazem à terapia é algo cocriado com os membros de sua família e com seu ambiente principal. Isso, felizmente, está cada vez mais claro para os terapeutas gestálticos que se ocupam do mundo infantil, mas, na maioria dos casos, é esquecido durante o processo terapêutico. A terapia não consiste na aplicação de um modelo intrapsíquico e individualista, com métodos e técnicas mais ou menos gestálticas, no problema apresentado pela criança ou pelo adolescente, mas consiste na coconstrução de encontros nutritivos, genuínos e curadores entre o terapeuta e a criança Como no mundo adulto, em cada sessão é cocriado, de forma natural, um campo entre o paciente o e terapeuta que "recria" as condições que originam o sofrimento. O terapeuta infantil não propõe "atividades" às crianças para erradicar seus sintomas, ele não é um "educador", sua tarefa consiste, como diz o autor deste livro, em "emprestar sua carne ao paciente" para que o sofrimento possa ser "materializado", faça-se presente no "entre" e seja sanado.

Partir do modelo proposto por Gianni de orientar a psicopatologia infantil em um *continuum* (descuido – abuso – apoio), pode ser de grande ajuda para desenvolver uma boa concepção teórico-gestáltica.

Nesse esforço, também encontrei pistas baseadas em algumas ideias dos pragmáticos americanos da escola de Chicago, como pode ser visto principalmente em alguns capítulos de *Sin ti no puedo ser yo* (2017 – sem tradução para o português), mas admito que há muito trabalho a ser feito e ele deve ser feito com seriedade e consciência, sem que nos afastemos de nossos princípios.

Como terceiro e último aspecto, gostaria de fazer menção à forma de trabalhar em terapia. Para aqueles que nos viram trabalhar e explicar nosso trabalho em algum seminário, poderia parecer que Gianni e eu trabalhamos de duas maneiras diferentes. Na minha opinião, não é assim. Gianni e eu somos dois seres humanos diferentes, com formações diferentes, *backgrounds* diferentes, experiências diferentes e vidas diferentes. Mas, ainda que trabalhemos e expliquemos o que fazemos com duas linguagens diferentes (e não estou me referindo ao idioma), nós dois partimos da utilização da teoria de campo como nossa base principal: a cocriação de um campo em cada aqui-e-agora de cada encontro e, a partir daí, deixar que surja a excitação levada pela intencionalidade de contato até a formação de uma figura clara e compartilhada, melhor seria dizer, em muitas ocasiões, complementar. Usamos nossa ressonância cinestésica, nós nos deixamos estar no aqui-e-agora da situação com o outro para que, como Gianni diz, "nossa carne" recolha os ecos do sofrimento guardado e custodiado pelo outro, o paciente.

Esse movimento cinestésico (Frank, 2016) ou corporal (Spagnuolo Lobb, 2018) nada mais é do que as "vibrações" corporais de sintonização que tanto o paciente quanto o terapeuta emitem desde o início de cada encontro. Essa ressonância tem um especial interesse na etapa do pré-contato proposto por nossos fundadores, em que "isto é 'o dado' ou o *id* da experiência" (PHG, p. 259, 2002).

Com isso, poderíamos dizer que Gianni fala, de certo modo, da passagem do "campo fenomênico" ao "campo fenomenológico". Nós dois nos deixamos "reverberar" pelo que está começando a surgir no encontro, sem fazer nenhum juízo, sem dar nenhum significado, estando atentos às nossas próprias percepções e sensações, que vão tomando forma ("campo fenomênico"), até que possamos dar um significado próprio do que aquilo representa em nós. Essas percepções e sensações pessoais, originadas no campo que estamos cocriando com o paciente (etapa de pré-contato), identificamos com emoções e sentimentos que surgem em nós. Na explicação a partir do meu modelo, estaríamos passando do pré-contato para a tomada de contato; para Gianni, seria a passagem do fenomênico para o fenomenológico, deixando, através do diálogo com o paciente, que se forme uma figura clara, forte e cheia de significado. Em ambos os métodos, e nas palavras de Gianni, "a ausência se fez presente", na fronteira de contato, eu acrescentaria. Já não está "guardada ou custodiada" no paciente, pois agora pertence ao campo cocriado, é a fase do contato final, em que tem lugar o momento "curador", "sanador". O terapeuta não cura ou sana, é essa sintonização, esse compartilhamento, é o "nosso", o "nós" que gera o "milagre". Na realidade, não é um acompanhar, mas um compartilhar o sofrimento. Gianni emprega palavras poéticas para essa etapa, que eu costumo descrever de um modo totalmente prosaico. Gianni diz: "No momento em que o terapeuta está presente na ausência, ela já não está mais ausente, a dor se desdobra, ganha vida nova na carne de ambos, ambos se tornam mais vivos. A carne mortificada renasce." (parte 13).

Ao final, o que eu chamo de etapa de pós-contato, o terapeuta e o paciente estão diferenciados. Há a acolhida das experiências, paciente e terapeuta são conscientes. Geralmente o paciente reconhece e encaixa as peças do quebra-cabeça de seu sofrimento não no passado, mas em sua vida presente. Algo mudou, algo continuará mudando... Sessão após sessão. Nas palavras de Gianni: "Dar dignidade a essas vivências não é apenas um dever na psicopatologia, é também um acontecimento terapêutico que se repetirá continuamente na terapia: reconhecer e dar dignidade às experiências e manter uma memória que, com o tempo, integre os fragmentos perceptivos e afetivos que, muitas vezes, arrebentando, emergem progressivamente." (parte 8).

Finalmente, e para terminar (prolongar-me ainda mais seria uma maneira de fazer o leitor passar da emoção de se encontrar com as palavras de Gianni ao aborrecimento e ansiedade de uma espera desnecessária), quero reiterar mil vezes minha gratidão, quero agradecer a Gianni por ter sacrificado parte de suas férias para escrever este livro, à sua generosidade em compartilhar sua sabedoria (que é muita!), ao seu amor, amizade e lealdade nesses tempos em que, às vezes, "olhamos demais para o umbigo" do personalismo e do narcisismo. Minha dívida de gratidão é infinita.

Obrigada também a Carlota Datta, por ter se encarregado de colocar em ordem as referências bibliográficas utilizadas por Gianni, apesar de seu tempo escasso. Agradeço também a Sonsoles Lázaro, do CTP, que com tanta habilidade e bom trabalho transferiu os dois desenhos manuscritos das figuras de Gianni para o computador (meu Deus, o que eu faria sem ela!). Obrigada a Maria Cruz Garcia de Enterría, que cuidou, deu forma, esteve atenta às correções e revisões para que este livro viesse à luz. E a Belén Espinosa, que faz por mim as tarefas que eu deveria ver, deixando-me tempo para esses "prazeres" literários e intelectuais. Como é óbvio, o saber pertence a Gianni, mas acredito que formamos uma boa equipe para alcançarmos esse resultado que, de outra forma, não teria sido possível.

E agradeço, finalmente, a você, leitor e leitora, porque são vocês os destinatários finais desses esforços. Nossa satisfação será ver este livro ser útil e esclarecedor para você. E que você desfrute e aprenda muito com sua leitura. Que este livro seja a motivação para você seguir em frente com seus afazeres gestálticos, sem "se desviar do caminho", mesmo que seja um esforço a mais manter e desenvolver nosso querido enfoque gestáltico. Se você não trilhar seu caminho, quem o fará? Se você não fizer parte daqueles que querem dignificar a terapia da Gestalt como um método psicoterapêutico repleto de possibilidades, quem o fará?

Vou lhe pedir um último favor: este é um livro muito fácil de ser copiado. Por favor, não faça isso! Lembre-se que você irá contribuir para que continuemos editando e publicando livros sobre Gestalt terapia. Com a sua colaboração ao comprar e difundir a existência deste livro, estará nos ajudando para que o próximo livro seja possível. Você é uma parte importante da existência da nossa editora. Obrigada por compreender.

REFERÊNCIAS

Frank, R. (2004). *La consciencia inmediata del cuerpo*. Madrid: Ed. Sociedad de cultura Valle-Inclán, colección Los Libros del CTP.

Frank, R. (2017). *El primer año y el resto de tu vida*. Madrid: Ed. Asociación cultural Los Libros del CTP.

Frank, R. (2016). El *self* en movimiento. In J-M Robine (Ed.). *El self. una polifonía de terapeutas gestálticos contemporáneos*. Madrid: Ed. Asociación cultural Los Libros del CTP, 2016.

Mead, G. H. (1938/1972): *The Philosophy of the Act*. Chicago: The University of Chicago Press.

Perls, F. S., Hefferline, R. & Goodman, P. (2002) *Terapia Gestalt: excitación y crecimiento de la personalidad humana*. Ferrol/Madrid: Editorial Sociedad de Cultura Valle-Inclán, colección Los Libros del CTP.

Spagnuolo Lobb, M., Levi, N., & Williams, A. (2017): *Terapia Gestalt con niños: de la epistemología a la práctica clínica*. Madrid: Ed. Asociación cultural Los Libros del CTP.

Spagnuolo Lobb, M. (2018). Conocimiento relacional estético del campo: Una revisión del concepto de *awareness* en Terapia Gestalt y psiquiatría contemporáneas, *Gestalt Review*, 22(1).

Vázquez Bandín, C. (2016): "Un campo llamado hogar. In M. Spagnuolo, N. Levi, & A. Williams. A. *Terapia Gestalt con niños: de la epistemología a la práctica clínica*. Madrid: Ed. Asociación cultural Los Libros del CTP.

Vázquez Bandín, C. (2017) *Sin ti no puedo ser yo*. Madrid: Ed. Asociación cultural Los Libros del CTP.

CARMEN VÁZQUEZ BANDÍN
Madri, setembro de 2018.

INTRODUÇÃO DA EDIÇÃO BRASILEIRA

ESTE TEXTO FOI ESCRITO A PEDIDO DE UMA AMIGA E COLEGA, Carmen Vázquez Bandín, para os leitores de língua espanhola. Trata-se de uma breve introdução aos fundamentos de uma perspectiva psicopatológica, que nos últimos anos se desenvolveu através da integração da psicopatologia fenomenológica e da Gestalt-terapia. Por isso o nome "psicopatologia fenomenológico-gestáltica". Esse é um modo de compreender o sofrimento psíquico a partir de uma abordagem fenomenológica e de campo. Com base nisso, emerge uma leitura radicalmente relacional, tanto dos modos pelos quais o sofrimento nasce e se manifesta, como dos modos pelos quais a psicoterapia age.

O meu objetivo é escrever uma introdução leve: fiz a escolha de tentar descrever a complexidade dos fenômenos clínicos de um modo breve e simples. Dessa maneira, procurei oferecer ao leitor uma visão desta perspectiva sem precisar passar por todos os autores e volumes de livros da literatura na qual a leveza deste texto se apoia. Para viajar leve, deixei em terra algum contrapeso, do qual, talvez em algumas passagens, o leitor possa sentir falta. Procurei suprir essa lacuna indicando as referências bibliográficas para a ampliação e o aprofundamento do conhecimento, quando isso for necessário.

A edição em língua espanhola foi recebida com grande interesse na Espanha e na América Latina, e alguns colegas me pediram para deixá-la disponível em outras línguas. Esse apoio me motivou a revisar a primeira edição e desenvolver alguns pontos que pareciam muito sucintos. Espero que esta pequena amostra inspire o leitor, tanto para estudar a ampla literatura na qual este livro se fundamenta, quanto para continuar a explorar essa perspectiva através de novas publicações e de uma formação clínica específica.

Agradeço especialmente a Claudia Lins por ter tornado possível esta publicação em língua portuguesa: muito obrigado pelo seu interesse pelo meu trabalho, pelo cuidado e pela paixão com que conduziu o processo de tradução e publicação deste livro. Estou feliz por este texto estar agora acessível aos colegas brasileiros.

GIANNI FRANCESETTI

INTRODUÇÃO DA PRIMEIRA EDIÇÃO EM ESPANHOL

A PSICOPATOLOGIA FENOMENOLÓGICA TEM UMA LONGA TRADIÇÃO iniciada por Jaspers (1963) – com seu texto Psicopatologia Geral – e desenvolveu um método para estudar e descrever as experiências subjetivas daqueles que sofrem, a partir de uma posição o mais livre possível de preconceitos causalísticos, colocando em foco a unicidade e o valor da experiência. Representa uma contribuição imprescindível, mas, por vezes negligenciada, para a psiquiatria e gerou uma conduta terapêutica muito atenta, respeitando a subjetividade do paciente, de suas particularidades e de suas formas estruturais. Assim como o movimento fenomenológico na Filosofia, a psicopatologia fenomenológica não está constituída por um *corpus* disciplinar sistemático, mas sim por uma pesquisa composta por vários autores que elaboraram sua própria experiência clínica à luz da perspectiva fenomenológica. Embora seja minoritária na psiquiatria contemporânea, recentemente vive um aumento de interesse e de publicações (Stanghellini, Broome, Raballo, Fernandez, Fusar-Poli, & Rosfortet, 2019). Essa perspectiva abre uma compreensão original da psicopatologia e da clínica que sustenta o encontro autêntico com aquele que sofre. *Autêntico* aqui significa do ser humano para o ser humano, não objetificante, valorizando todas as experiências, mesmo as mais incompreensíveis, sem renunciar a aproximar-se do sentido, cuidando, mesmo antes de qualquer perturbação, da solidão constitutiva dos que sofrem (Borgna, 2019). É uma posição, em primeiro lugar, ética, antes mesmo de ser clínica.

A psicopatologia gestáltica nasceu recentemente no âmbito da Gestalt-terapia, embora já fossem encontrados antecedentes importantes da análise psicopatológica baseados na psicologia da Gestalt (Conrad, 1958), além dos próprios fundadores desta abordagem (Perls, Hefferline, & Goodman, 1951) terem falado sobre a análise gestáltica. A Gestalt-terapia, originária da psicanálise e da psicologia da Gestalt, com uma forte influência do pragmatismo americano a da fenomenologia, desenvolveu-se dentro do movimento humanista: naquele momento era uma forte tendência cultural que desconstruía os poderes constituídos, incluindo os poderes médicos; isso contribuiu para manter por muito tempo afastada a abordagem da psicopatologia, temendo os efeitos estigmatizantes do "patologizar". A partir da década de 1980, alinhados com um movimento mais geral na psicoterapia, alguns autores gestálticos se voltaram para os estudos psicopatológicos, em particular para poderem se aproximar do sofrimento mais difícil de curar (Yontef, 2001; Robine, 2004; Melnick, 2003; 2013; Salonia, 2007; Spagnuolo Lobb, 2001). Sobretudo depois dos anos 2000, os trabalhos na abordagem gestáltica sobre o sofrimento psicopatológico cresceram numericamente e iniciou-se uma reflexão sobre como tematizar o sofrimento psíquico em um modo especificamente gestáltico (Francesetti, 2007; 2012; 2015; Francesetti & Gecele, 2009; 2011; Francesetti, Gecele e Roubal, 2013).

Nesta "Introdução aos fundamentos", tento apresentar a psicopatologia fenomenológico-gestáltica que amadureci a partir da minha formação e experiência clínica como psiquiatra fenomenólogo e psicoterapeuta gestáltico. Decidi chamar essa psicopatologia de "fenomenológico-gestáltica", mantendo ambos os termos e unindo-os com hífen. Ambos, porque nenhuma das duas psicopatologias esgota a outra: tratam-se de duas explorações diferentes para a história, a tipologia prevalente de pacientes e a abordagem; unidas por um hífen, porque, na perspectiva que apresento, as duas origens são essenciais e indissociáveis, integram-se em uma nova forma, diferente da sua soma. As duas tradições que me inspiram têm base em um fundo epistemológico e ético comum e juntas permitem criar uma perspectiva original sobre o sofrimento psíquico que abre para uma prática clínica a qual, para mim, parece ser fértil e eficaz. A perspectiva que apresento aqui está fundamentada sobre uma epistemologia fenomenológica e gestáltica, mas, obviamente, não a esgota: em uma complexidade que não tem fim, pode-se encontrar ou construir outras visões da psicopatologia, sempre permanecendo ancorado a essa fundamentação. E convido o leitor a fazê-lo.

Procurei subdividir o texto a partir das perguntas que recebo com mais frequência durante meus seminários. Durante a escrita, descobri que é muito difícil responder a uma pergunta sem envolver uma outra. O resultado, então, é um tecido de fios que não são facilmente desembaraçados: portanto, inevitavelmente repetitivos. Mas espero poder seguir um percurso que, como a geometria fractal, ofereça a possibilidade de explorar progressivos graus de aprofundamento e complexidade.

Este breve volume nasce porque Carmen Vázquez Bandín me pediu para escrevê-lo: ela traduziu alguns dos meus seminários e pensou que os conceitos apresentados deveriam estar acessíveis aos terapeutas em um texto ágil. Convidou-me, então, a escrever um texto que fosse tão simples quanto a maneira que ensino. Por isso tentei elaborar uma "introdução leve": quis fazer um texto mais curto, menos complexo e não tão profundo quanto o tema exigiria. Deixei um pouco de lado a paixão filosófica, que me impulsiona a uma incessante e infinita revisão dos conceitos que utilizo; é a minha inadequação filosófica, que me impulsiona a apoiar – às vezes excessivamente – as minhas afirmações clínicas. Aqui está algo implícito e fundamental, a saber, que as clínicas psicoterapêutica e psiquiátrica são práticas que precisam de uma base antropológica e epistemológica na qual se apoiar. A clínica "psi" não se sustenta sozinha, e quando as bases não estão explícitas, não quer dizer que não existam, apenas estão implícitas. Mas também deixei de fora muitas referências à literatura clínica e muitas questões que mereceriam ser tratadas aqui, correndo o risco de não ser compreensível o suficiente, por ser muito sintético ou, ao contrário, ser muito compreensível e acabar simplificando em excesso, sem transmitir a problemática e a complexidade dos temas. Espero que o leitor possa compensar essa simplificação, aprofundando-se na literatura citada, e que possa tirar vantagem de um texto que seja – também espero – acessível o suficiente.

Decidi correr esse risco e, por essa razão, acredito que ao escrever tenha experimentado uma sensação de maior liberdade e leveza em relação a outros textos que já publiquei. Por isso, sou muito grato à Carmen. O livro foi escrito para um público de língua espanhola e isso também parece ser significativo: de fato, a psicopatologia fenomenológica não teve um particular desenvolvimento no século XX na Espanha e na América Latina, como aconteceu em outros países da Europa, especialmente Alemanha, França, Itália e Holanda. Desejo, então, que este livro, pela sua – espero que não insustentável – leveza, possa contribuir com os leitores deste país para as pesquisas, ao menos iniciais, desta perspectiva.

Por fim, um agradecimento: àqueles que iniciaram a minha pesquisa, ou seja, meus professores diretos, Eugenio Borgna e Umberto Galimberti, pela psiquiatria fenomenológica; Giovanni Salonia e Margherita Spagnuolo Lobb, pela Gestalt-terapia; e agradeço àqueles que apoiam o desenvolvimento contínuo dessa pesquisa, à crítica construtiva, aos colegas, aos alunos e àqueles que me convidaram e com os quais me encontrei nos diversos países onde ensino. Um agradecimento especial a Carmen Vázquez Bandín, não apenas por ter me estimulado a escrever este livro, mas também por ter traduzido meus trabalhos para o espanhol e, sobretudo, por sua amizade e estima.

GIANNI FRANCESETTI

1. O QUE É A PSICOPATOLOGIA?

A PSICOPATOLOGIA É UM CAMPO DISCIPLINAR VASTO E MUITO DEBA-
tido, no qual convivem perspectivas diversas e, às vezes, contrastantes (Civita, 1999). Em geral, podemos dizer que a psicopatologia é o estudo do sofrimento psíquico do ser humano. Mas essa definição que aparenta ser tão simples esconde muitas perguntas, e três em particular: O que é o sofrimento? O que é a psique? Como se estuda esse sofrimento? Veremos que, dependendo da maneira de responder essas perguntas, é possível conceber várias psicopatologias e, dependendo de quais psicopatologias são construídas, várias teorias e práticas de cura. A resposta que procuro delinear neste texto nasce, como disse, de uma perspectiva fenomenológica e gestáltica.

Psicopatologia é uma palavra composta por três radicais: "psico-", "-pato-", "-logia", que, etimologicamente, têm estes significados: *psico-*, do grego *psyché* – psique, alma. Deriva de *psychein*: soprar; *pato*, do grego *pathos*: martírio, paixão, sofrimento. Deriva da *paschein* (indo-europeu), padecer; *-logia*, do grego *logos*: discurso, palavra, sentido (Cortelazzo e Zolli, 1983). Psicopatologia é, portanto, o estudo de um tipo de fenômeno particular: os fenômenos *pathos*, que são *páticos*[3], repentinos, a partir dos quais a pessoa não pode fazer uma

---

3 N.T.: *Pático* e *pática* estão exclusivamente ligados à acepção "relacionado a pathos". Na língua italiana, temos o verbo *patire*, que significa sofrer, padecer, mas esse jogo de palavras se perde na língua portuguesa.

escolha; esse radical também dá origem a paixão, passivo, patologia, todos termos que implicam no movimento de algo não provocado deliberadamente por nós e ao qual não podemos resistir facilmente. O segundo radical é *psychein,* o sopro sutil que nos inspira e nos faz sentir vivos. Coerentemente com a etimologia de *psychein*, ou seja, o sopro, a psique, como o ar, não é nem interna nem externa, mas emerge e habita dentro e fora de nós. A partir dessa base etimológica, podemos considerar a psicopatologia como o estudo das experiências nas quais não nos sentimos inteiramente agentes e livres, em que não podemos exercitar plenamente uma escolha e que dizem respeito a nos sentirmos vivos, animados e em contato com o ambiente. Em uma experiência psicopatológica, somos, portanto, um pouco menos livres, menos vivos, menos existentes, menos "respirantes", menos presentes para o que seria permitido pelos limites e potencialidades da situação atual. Menos artistas da nossa própria vida (Rank, 1932; Robine, 2006). A psicopatologia não coincide com o ter ou com o sentir limites: na verdade, é quando agimos com liberdade e responsabilidade dentro dos limites existenciais e situacionais que nos sentimos mais inteiros, vivos e sãos. Ser um pouco menos vivo significa sentir que não existimos plenamente e criativamente: existir pode ser, de fato, um dado de registro, certificado por um passaporte; no entanto, a experiência de existir (etimologicamente, de *ex-sistere*, isto é, sair de, elevar-se, emergir) não é um fato, mas um processo experiencial que ocorre continuamente, e com resultados diversos, em nossa vida. O oposto de *ex-sistere* é *in-sistere*: quando não pode emergir, insiste e se torna *pathòs* Às vezes, sinto estar existindo plenamente e estando plenamente vivo; algumas vezes, é como se não existisse; outras vezes, novamente, sinto que não existo para os outros ou que, na verdade, estou existindo muito, ou que não quero existir, etc. A decadência do processo de vir à existência e à presença, mais ou menos plena e livre, é objeto de estudo de uma psicopatologia fenomenológico-gestáltica. Contudo, sendo a existência um fenômeno cocriado e a unidade mínima do humano o ser-com-o-outro, esta psicopatologia não pode ter como foco o indivíduo, mas o como o indivíduo emerge de uma situação, como se sente e se encontra e como entra em contato com os outros. Neste ponto, a psicopatologia fenomenológico-gestáltica é também existencial porque compartilha o assunto base do existencialismo, ou seja, *o homem faz a si mesmo na situação* em que se encontra. Não é um dado definido *a priori*, a sua natureza não é nem boa, como se vê em Rousseau, nem má, como se vê em Hobbes. O ser humano emerge através dos limites e das escolhas que pode exercitar. Neste sentido, a existência precede a essência (Sartre, 1946).

2. PARA QUE SERVE ESTUDAR PSICOPATOLOGIA?

O ESTUDO DA PSICOPATOLOGIA SERVE PARA RECONHECER, DISTIN-guir e compreender as formas e os processos do sofrimento humano. O sofrimento apresenta diversas formas: elas são infinitas em suas diferenças pessoais (polo idiográfico), pois ninguém sofre como o outro; e, ao mesmo tempo, são repetitivas (polo nomotético), porque os modos de sofrer do ser humano também são universais, apesar de encontrarmos infinitas especificidades nos indivíduos e nas diversas sociedades e culturas. No estudo da psicopatologia são encontrados os característicos modos humanos de sofrimento (por exemplo, cada depressão põe em jogo certa experiência característica, modos de ser e de sentir, certos temas existenciais e relacionais, e tende a uma certa evolução característica que clama por um apoio característico) e ao mesmo tempo, são encontradas características únicas, que não se repetem com aquele paciente específico. Mas, no fundo, essa tensão entre universalidade e singularidade está presente na natureza de cada um de nós, em qualquer tipo de experiência humana.

Compreender essas experiências através do estudo da psicopatologia permite, em primeiro lugar, conhecer o próprio sofrimento e o sofrimento do qual nós mesmos somos portadores através das gerações. Essa consciência é fundamental para se trabalhar como psicoterapeuta, principalmente quando utilizamos uma abordagem relacional que nos coloca pessoalmente no encontro.

Em segundo lugar, permite reconhecer e distinguir as formas de sofrimento dos pacientes, o que é importante para validar suas experiências ("entendo o que você sente"), para encontrar os recursos necessários para a terapia ("percebo o que é necessário nesta situação"), para avaliar os riscos (sei com o que devo me preocupar) e para se orientar em direção à cura ("conheço quais direções podemos seguir"). Conhecer o que é sofrer de um transtorno de pânico, de um transtorno obsessivo-compulsivo ou de uma experiência psicótica, quais são os temas envolvidos no transtorno, quais são os riscos e as possibilidades, quais redes ativar para a cura, quais as direções e os caminhos terapêuticos e – não por último – quais os limites e as reverberações pessoais do terapeuta, é um apoio indispensável para uma boa prática clínica. Naturalmente, tudo isso vai a fundo na singularidade irrepetível do encontro com o paciente, mas, para poder andar nesse fundo, é preciso ser uma figura consciente.

Em terceiro lugar, o estudo da psicopatologia apoia o psicoterapeuta na procura do sentido do sofrimento que o paciente carrega: um dos fatores que podem aumentar o sofrimento do paciente é a incapacidade do psicoterapeuta para enxergar o sofrimento do paciente como uma experiência dotada de sentido, de direção e de significado. De fato, o sofrimento não é um fim em si mesmo, mas um movimento processual que nasce em uma situação e tende a um desenvolvimento através de fases de transformação na relação. Portanto, a psicopatologia apoia o clínico a se aventurar nos territórios do sofrimento com consciência e atenção, apurando a sensibilidade e a capacidade de discriminar os acontecimentos, permitindo a ele captar as metamorfoses da dor e apoiar as transformações na clínica.

3. EXISTEM DIFERENTES PSICOPATOLOGIAS?

EXISTEM DIFERENTES PSICOPATOLOGIAS: DEPENDENDO DA MANEIRA como se considera o ser humano, e do quanto o delimite, emergem variados modos de conceituar o sofrimento. Por exemplo, pode-se considerar que "as doenças mentais são enfermidades do cérebro" (Griesinger, 1861) e, então, atribuir o sofrimento psíquico às disfunções cerebrais e de neurotransmissão. Essa abordagem negligencia o fato de que "o homem não é seu cérebro" (Noe, 2010) e tende a confundir etiologia com patogênese[4]. Um chavão das últimas décadas, por exemplo, é que a depressão seja causada por uma carência de serotonina no nível sináptico e que os fármacos antidepressivos restabelecem o nível correto de serotonina cerebral. Além do amplo debate sobre a eficácia dos antidepressivos (Kirsch, 2009), que revela um grave problema diagnóstico nesse âmbito (Francesetti, 2011; Frances, 2014), o ponto que quero evidenciar é a falácia lógica desse raciocínio clínico: imagine que você tem dor de dente e que, tomando um pouco de morfina, essa dor desapareça. Provavelmente, você não concluiria que a causa da dor de dente seria uma carência de morfina e decidiria ir ao dentista para tratar a cárie. O fato da utilização de um medicamento trazer uma melhora não significa que a falta dessa substância seja a causa do mal-estar (etiologia), mas, em vez disso, que o medicamento interfere beneficamen-

---

[4] A etiologia é o estudo das causas de um transtorno ou uma doença; a patogênese é o modo pelo qual o distúrbio ou a doença evoluem.

te no processo que tem como consequência o aparecimento de um mal-estar (patogênese). Uma psicopatologia que reduz o sofrimento psíquico a uma alteração da bioquímica cerebral não é, certamente, incentivada a buscar o sentido relacional ou existencial do sofrimento, arriscando contribuir com uma cota a mais nesse sofrimento que resulta precisamente de não encontrar seu significado e estar sozinho nessa busca. Essa psicopatologia pode ser útil para a pesquisa farmacológica, contanto que a eficácia sintomatológica e o sucesso comercial não a façam se esquecer de que está baseada em uma drástica redução do ser humano. Esquecer-se disso implica no risco de avaliar a eficácia em termos puramente sintomatológicos, perdendo de vista, em um sentido mais amplo, a qualidade de vida e o impulso evolutivo do sofrimento em si. Os milhares de paciente nos quais foram feitas lobotomias frontais durante a segunda metade do século XX foram testemunhas das distorções, dos riscos éticos e da miopia que podem ir ao encontro do reducionismo frenológico e sintomatológico. Uma psicopatologia fenomenológico-gestáltica concebe o sofrimento como um fenômeno que não pode ser compreendido isolando-se o cérebro e nem mesmo o indivíduo: o sofrimento nasce do campo relacional que a pessoa atravessa, vive e expressa. Compreende também o sofrimento proveniente das gerações anteriores, cuja memória habita em nós pela via relacional e biológica. Além disso, é um sofrimento não apenas mental, mas profundamente encarnado, estético[5], no sentido de que se entrelaça com a raiz do nosso sentir. Essa psicopatologia não renuncia nunca à busca por um sentido, mesmo quando isso pareça desesperadamente inalcançável. Minkovski relata que Jung lhe contou este caso: na clínica onde trabalhava, estava internada, havia muitos anos, uma mulher, já anciã, de quem se tinha perdido toda a história clínica e de anamnese,

---

5 *Aisthesis*, em grego antigo, significa "sensação", portanto, a *estética* é o conhecimento através dos sentidos (Baumgarten, 1750).

ninguém sabia porque ela tinha dado entrada no hospital psiquiátrico quando era jovem; a paciente era chamada de "a sapateira", porque movia continuamente o braço direito, como o típico gesto dos sapateiros quando colocam os pregos nos sapatos. Em um dado momento, a paciente morre e um parente distante foi ao funeral. Jung se aproximou e lhe perguntou se sabia por que aquela mulher tinha sido internada muitos anos atrás. Ele respondeu: "Não me lembro bem, mas foi logo depois de uma desilusão amorosa... isso, parece que foi abandonada pelo noivo. Um sapateiro da região". Mesmo que ninguém compreendesse seu gesto, aparentemente estereotipado e sem sentido, e mesmo que, depois de algum tempo, todos tivessem deixado de procurar algum significado para ele, a "sapateira" guardava e comunicava um fragmento fundamental de sua vida e de seu sofrimento naquele movimento repetitivo. Na incompreensibilidade do paciente, encontram-se as dificuldades de comunicação do próprio paciente e – simetricamente – a dificuldade do clínico para compreender.

4.
QUE RELAÇÃO EXISTE ENTRE A PSICOPATOLOGIA E O DIAGNÓSTICO?

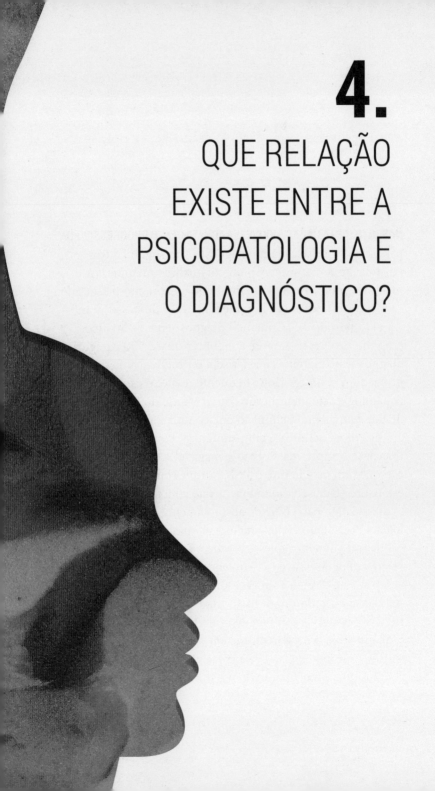

NAS ÚLTIMAS DÉCADAS, HOUVE UM ACHATAMENTO PROGRESSIVO DA psicopatologia baseada no diagnóstico nosográfico (ou seja, em relação à classificação dos distúrbios mentais): a primeira foi progressivamente diminuída, enquanto o segundo se tornou hipertrófico. A evidência desse processo se mostra pelo fato do DSM, manual diagnóstico e estatístico, ter crescido progressivamente até conter quase 400 categorias diagnósticas diferentes e estar sendo progressivamente mais utilizado na clínica. Hoje, frequentemente, o estudo da psicopatologia está identificado com o estudo do DSM. Trata-se de um equívoco disseminado que conduz a uma negligência em psicologia clínica e em psiquiatria, com o agravante de tornar-se sempre mais óbvio e inegável, contribuindo com o esquecimento de que o DSM surgiu com uma finalidade estatística (e de seleção militar) e não com finalidade clínica. O diagnóstico não coincide absolutamente com a psicopatologia. O resultado é que a mensagem passada aos estudantes é a de que, uma vez que se estude o DSM, está conhecida a psicopatologia. Esse é um equívoco com consequências graves, pois um clínico com essa formação corre o risco de não ser consciente do quanto não sabe. E se não tiver a experiência pessoal de um percurso terapêutico, poderá utilizar o diagnóstico para não entrar em contato os seus próprios sofrimentos. No entanto, Jaspers já afirmou que o diagnóstico é a última preocupação do psicopatólogo. O diagnóstico é um ato de conhecimento (*gnosi*) através de um meio (*dia*). É um ato complexo e importantíssimo. Existem diversos tipos de diagnósticos e uma distinção importante para um clínico fenomenológico e gestalticamente orientado é aquela entre diagnóstico extrínseco e diagnóstico intrínseco (Francesetti & Gecele, 2009). O primeiro se realiza através de uma comparação entre o sistema externo de categorias (por exemplo, o DSM, o CID, mas também os tipos psicológicos de Jung, os caráteres da análise bioenergética, etc.) e o que se observa: se o que observo corresponde ao que está elencado na categoria "Transtorno de Pânico", posso dizer que meu paciente sofre desse transtorno. É evidente que basta conhecer os 13 itens que fazem diagnóstico de ataques de pânico para efetuar essa ação diagnóstica. Quando o que observo corresponde a um modelo do sistema, significa que fiz um diagnóstico e nada mais é necessário, posso passar para a aplicação do protocolo terapêutico previsto por aquele modelo. Neste processo, algumas coisas importantes não são necessariamente requisitadas: 1) uso dos elementos diagnósticos sensoriais e pré-reflexivos por parte do clínico; 2) a exploração da experiência subjetiva do paciente; 3) a sua história e o contexto; 4) a atenção para detectar o que não se enquadra na categoria de diagnóstico, incluindo pesquisas; 5) a busca do sentido do sintoma; 6) o modo como emergem os elementos relacionais no aqui e agora; 7) a contribuição do terapeuta para o diagnóstico em si. O diagnóstico extrínseco é um instrumento fundamental e indispensável para o clínico, mas é importante que ele conheça os limites e o modo de utilizá-lo para apoiar a terapia (Francesetti e Gecele, 2009; Lingiardi, 2018). Entre seus vários limites, é importante apontar que o diagnóstico extrínseco pode ser um modo para atribuir apenas ao paciente um fenômeno que é relacional ou mesmo social. Por exemplo, o diagnóstico de depressão endógena pode indicar tanto a ausência de sentido do sofrimento do paciente, como a incapacidade do clínico de apreender esse sentido. Ou o diagnóstico de transtorno de ansiedade e de pânico, muito frequentes na pré-adolescência e na adolescência, pode estar negligenciando que se trata de uma expressão individual de um campo social onde a superexposição dos jovens ao mundo é invasiva, sem filtros e normalizada. Se a superexposição social que causa ansiedade está normalizada, então os jovens facilmente são enquadrados como patológicos, com todas as consequências que isto comporta: a vergonha, a inadequação, a retração, a invalidação das experiências em um momento crucial para o desenvolvimento e a formação da personalidade.

O segundo tipo de diagnóstico, estético ou intrínseco, é um conhecimento sensorial e pré-reflexivo do que acontece no contato com o paciente. Baseia-se na capacidade de discriminar sensorialmente o que acontece a partir das qualidades estéticas descritas pela psicologia da Gestalt, sem necessidade de confrontá-lo com parâmetros e classificações externas. É uma avaliação imediata, sensorial, atmosférica, pré-reflexiva e pré-verbal. O terapeuta se orienta percebendo o que emerge na situação e está disposto a valorizar qualquer coisa que possa sentir. Ele não escolhe o que sentir, isso emerge como *pathos* (Waldenfels, 2011; Francesetti, 2019a; 2019b), ou seja, como sofrido, de uma dimensão que é pré-dualista, ali onde os polos de subjetividade e objetividade ainda não se definiram nem se diferenciaram. A partir daí, podem emergir experiências sintonizadas e empáticas vividas com o paciente. Mas também podem emergir ressonâncias discordantes, inesperadas, imprevistas, divergentes, incômodas, fora de lugar. O terapeuta pode sentir algo que preferiria não sentir; por exemplo, o paciente relata um fato doloroso e ele se irrita ou fica entediado. O que foi sentido como fora de lugar, em grego, *atopòn*, é uma ressonância muito importante, porque, frequentemente, é a maneira pela qual uma parte não formulada (portanto, não vivenciada e dissociada) da experiência encontra um modo de emergir. Se algo não foi capaz de vir à tona, porque foi deixado de lado em experiências passadas, só pode surgir com o tom emocional daquilo que foi deixado fora de lugar. Essas ressonâncias têm muito valor, porque – como veremos mais adiante – frequentemente são o ponto chave do processo terapêutico em curso.

Diferentemente do diagnóstico, a psicopatologia fenomenológico-gestáltica é o estudo do sofrimento da pessoa e de sua história, encarnada e contextual, da maneira como a vivencia, das nuances específicas e das diferenças de outras experiências semelhantes; dos temas e do sentido existencial que traz à luz; da maneira pela qual o sofrimento emerge no encontro, o que implica que também é o estudo da maneira pela qual o clínico contribui para seu surgimento; do sentido, do chamado relacional que contém e preserva, da intencionalidade do contato que transmite ao terapeuta. A psicopatologia requer cada vez uma nova viagem, nunca resumida em um rótulo, sempre a se reinventar, que não cessa de se questionar, nunca acabada. Em psicopatologia, somos sempre iniciantes (Callieri, 2001). A psicopatologia é, portanto, um suporte fundamental para o diagnóstico extrínseco, e a psicopatologia fenomenológico-gestáltica é um suporte para o diagnóstico intrínseco, pois treina o terapeuta para sentir e reconhecer as paisagens nas quais ele se encontra gradativamente com os pacientes.

5.
QUAIS SÃO AS ESPECIFICIDADES DA PSICOPATOLOGIA FENOMENOLÓGICO-GESTÁLTICA?

PODE-SE OBSERVAR O QUE ACONTECE EM UMA SESSÃO DE UMA perspectiva individualista, considerando a mente como um atributo da pessoa (perspectiva monopessoal). Nessa perspectiva, o sofrimento é geralmente considerado um funcionamento mais ou menos defeituoso do paciente e a psicoterapia seria a correção desse mal funcionamento através da atuação de um especialista. É a perspectiva característica do modelo médico.

Ou pode-se considerar que a mente seja um processo emergente da interação entre duas ou mais pessoas, como fizeram, desde suas origens, a Gestalt-terapia (Perls, Hefferline & Goodman, 1951) e a terapia sistêmica (Bateson, 1979); sucessivamente, a psicanálise, a partir da psicanálise interpessoal de Sullivan (1953); e, em seguida, a virada relacional (Greenberg & Mitchell, 1983; The Boston Change Process Study Group, 2010; Lingiardi, Amadei, Caviglia, & De Bei, 2011). Podemos chamar esse modelo de "bipessoal", ou da cocriação, dependendo do quanto a faceta da cocriação mútua seja enfatizada. Neste caso, o sofrimento é visto como consequência do modo, mais ou menos disfuncional, de interagir dos sujeitos. Na psicoterapia, o psicoterapeuta está mais comprometido do que no modelo monopessoal. Ele entra em jogo, pois é da interação com o paciente que pode emergir um novo modo disfuncional de se encontrar (e, portanto, o risco de se traumatizar novamente) ou uma maneira que cura, corrige, coloca em jogo novas formas e novas aprendizagens para entrar em contato.

Um terceiro paradigma, presente desde a origem da Gestalt-terapia, pode ser chamado de paradigma de campo (Robine, 2004; 2008; Vázquez Bandín, 2014; Francesetti, 2019b; Francesetti & Griffero, 2019; Roubal, 2019). Não é exclusivo da Gestalt-terapia, por exemplo, teve um forte desenvolvimento na psicanálise (Stern, 2013a; 2013b); porém, na Gestalt-terapia, a teoria do campo é um construto teórico central e foi amplamente desenvolvida para explorar os elementos situacionais da sessão, mas também as dimensões sociais e culturais da psicopatologia e da psicoterapia. Nessa perspectiva, observamos o sofrimento como um fenômeno emergente na situação terapêutica e a psicoterapia como um processo que não é apenas cocriado pelo paciente e o psicoterapeuta, mas também pela situação que – no fundo e em modo circular – cria ambos. Não existe um sofrimento abstrato, mas o único sofrimento que o psicoterapeuta encontra é aquele que surge na situação terapêutica, com todas as potencialidades e limitações que isso engloba. Psicoterapeuta e paciente emergem da situação, o *self* deles emerge do *id* e da personalidade da situação (Robine, 2004). Portanto, a mudança não surge da competência do terapeuta para agir sobre os processos do paciente; também não surge da colaboração ativa e cocriativa do paciente e do terapeuta; este, na verdade, está "a serviço" das forças emergentes e atuantes no campo, e a sua responsabilidade é apoiar essas forças, que movem o paciente a produzir as transformações para as quais já está inclinado (Roubal & Francesetti, 2020).

Esse paradigma é baseado na fenomenologia, que nos ensina que o sujeito e – mutuamente – o objeto, o mundo, emergem de um fundo indiferenciado pré-dualista, *pático*, atmosférico, encarnado (Francesetti, 2019a; 2019b), de algo que os precede e os move. É precisamente nesse "ser movido", nesse *pathòs*, que o sofrimento é encontrado: um sofrimento que tende a uma nova forma – é intencionado, isto é, possui *tensões intrínsecas* – e essa tendência direciona as transformações em terapia. Também se baseia na psicologia da Gestalt (Metzger, 1941; Ash, 1995), em como esta demonstrou que, nos processos perceptivos, a figura de um sujeito separado de um objeto é o fruto de uma elaboração a partir de uma origem indiferenciada, vaga e confusa, que se define com base em critérios intrínsecos e estéticos. Baseia-se, enfim, em uma antropologia existencialista, na qual o homem se faz pela situação em que se encontra (Sartre, 1946), não há uma natureza humana essencial, e a priori boa ou má, predeterminada, mas que emerge no aqui e agora, com os limites, as potencialidades e as escolhas deste momento de vida. É, então, uma psicopatologia de campo, situacional, encarnada, intencional, estética, experiencial, existencial. Essa concepção de si está alinhada também com as recentes pesquisas na área neurocientífica (Damasio, 2010; Gallese, 2006a, 2006b; Gallese, Eagle, & Migone, 2007; Rizzolatti & Sinigaglia, 2006), psicossocial (Zimbardo, 2008), psicopatológica (Zahavi, 2017).

Essa psicopatologia analisa, por exemplo, como uma experiência depressiva emerge no aqui e agora da situação; ela está interessada no que o paciente vivencia, no que o psicoterapeuta vivencia, no que emerge entre eles e ao seu redor; que atmosfera eles criam e como esta os cria; ela está interessada em quais temas circulam, em como eles tendem a se repetir ou a se transformar. É uma exploração das paisagens do sofrimento e de como habitá-las e cultivá-las, a fim de estar plenamente existente e presente nelas, e assim ser transformado por elas. O sofrimento não pode ser conhecido na abstração, emerge sensivelmente no aqui e agora da sessão, empurra o terapeuta e o paciente para atualizá-lo e colocá-lo em ação. Essa concepção da teoria de campo lê fenômenos psicopatológicos emergentes como atualizações no aqui e agora, não como um evento dentro do paciente. A teoria psicanalítica dos *enactments* (Jacobs, 1986) se aproxima, de certa forma, dessa concepção, porém, ela permanece mais limitada aos fenômenos comportamentais e a uma espécie de reação do psicoterapeuta ao paciente, enquanto no conceito de atualização existe o esperado e bem-vindo "emergir" – através da experiência de ambos – quando houve sofrimento e agora há um chamado à transformação.

6.
O QUE É O SOFRIMENTO PSICOPATOLÓGICO?

SOFRER É UMA PALAVRA QUE VEM DO LATIM, *SUFFERRE*, QUE SIGNIfica *levar sobre si*. O paciente que sofre é, portanto, uma pessoa que leva alguma coisa ao terapeuta, mas o quê? Para entender o que ele leva, é necessário começar com o que significa «ter uma experiência»: é um processo complexo de iniciar e atravessar até a chegada de uma conclusão. *Experimentar*, etimologicamente, vem da raiz indo-europeia *per-* (da qual o grego *peira* e o latim *empeirìa*), que significa atravessar. Especialista é aquele que passou através, além. A Gestalt-terapia analisou o processo da experiência, focalizando a sequência de contato. Experimentar exige uma desestruturação daquilo que é encontrado e uma nova reconfiguração daquele que experiencia, o qual integra a novidade encontrada, deixando-se transformar por ela. No final, a experiência é assimilada (isto é, tornou-se parte do *self*), torna-se parte da memória que pode ser recuperada quando relevante e pertinente, ou porque deve ser desconstruída e modificada, posteriormente, pela "nova novidade" encontrada, ou porque pode ser o apoio para conhecer uma nova experiência. Quando assimilada, a experiência tem uma forma clara e pode ser mentalizada e suficientemente verbalizada; apesar de todas as limitações da linguagem, ela se converte em "personalidade", isto é, uma memória verbalizável do *self*. A experiência se torna passada: ou seja, é atravessada, não está mais aqui e agora e pode ser recordada (ou seja, recolocada no coração) sem que ela volte a estar presente (ou seja, sem ser um *flashback*). Esse processo é tão importante na Gestalt-terapia que foi escolhido como subtítulo do texto fundador dessa abordagem: *novidade, excitação, crescimento* (Perls, Hefferline e Goodman, 1951). Para que esse processo ocorra, é necessário apoio suficiente, em todos os níveis: a presença de ar que nos permite respirar e ter energia; a presença de um estado de vigília suficiente para encontrar a novidade; uma confiança suficiente para se aproximar dela; uma sensibilidade corporal tal para compreender a novidade; um fundo suficiente para sustentá-la, assimilado por experiências passadas ou presentes. Como evidenciou Laura Posner Perls (1992), são necessárias funções de apoio ao processo de contato. Se estas não forem suficientes, a experiência não pode ser atravessada. Quando esta não pode ser atravessada e, em seguida, concluída e assimilada, permanece como algo aberto, à espera de uma conclusão (os famosos *assuntos inacabados* da Gestalt-terapia). Particularmente, quando não temos apoio suficiente para enfrentar uma situação, necessitamos de alguém que ofereça esse apoio; mas se esse alguém não pode dá-lo, ou se for ele mesmo a causa para que não possa ocorrer o enfrentamento da situação, não podemos atravessar a experiência, nem mesmo assimilá-la. Permanece uma memória aberta, não concluída, um quebra-cabeça de impressões sensoriais que não têm forma nem formulação, não são narráveis, integráveis ou acessíveis. Podemos chamá-la de *protoexperiência*. Ela permanece separada da função de personalidade do *self* (ou seja, não é totalmente uma parte integrante de mim, os fragmentos permanecem não-integrados) e permanece no fundo do corpo. A função é, como uma tensão aberta, inquieta e pouco clara. Para continuar seguindo a vida sem ficar aprisionado nesse presente que não pode se tornar passado, um sistema intervém e coloca esses traços sensoriais de lado, dissocia-os. Não são recursos acessíveis em nossa vida e, no processo de contato, manifestam-se como pontos sensorialmente inacessíveis. A consequência é que, quando a vida aproxima a pessoa desses traços, ela não pode estar totalmente presente, porque se dessensibilizará para não sentir o desconforto desses traços fragmentados ou cairá naqueles traços que se tornarão presentes agora, perdendo o presente da situação atual. Em ambos os casos, a pessoa estará menos presente. Uma protoexperiência não assimilável é, portanto, exercida sobre o *self* como ausência de contato, é um ponto em que a pessoa está menos viva, menos criativa, menos existente, menos presente. O sofrimento, ou seja, a maneira de levar o que não foi assimilado pelo *self* é, portanto, a ausência. Ausência e, ao mesmo tempo, lealdade ao que foi encontrado. Essa ausência, deve ficar claro a partir dessa descrição, não é a ocultação de algo escondido que já está bem formado e formulado, como no início da teoria da repressão do primeiro Freud (Stern, 1997). Trata-se de algo que ainda não encontrou forma, porque ela surge apenas da assimilação que aqui, por definição, não pôde acontecer. Ausência é, portanto, a presença de algo que ainda não tem forma, que se abstém de entrar em contato porque está dissociada do contato e, se chegar, poderá afastá-lo do presente. É um passado que, não sendo passado, se presentifica. É um impasse que o paciente padece (e não escolhe) e que, por definição, não pode resolver sozinho. O que foi dissociado porque faltava o apoio para atravessá-lo e para evitar uma desintegração do *self*, não pode obviamente ser percorrido por si só. É necessário que um outro empreste sua própria carne para deixar que o não constituído chegue à presença, é preciso que alguém esteja presente e disponível para sentir o que não é sentido, porque não é possível sentir. O sofrimento é, portanto, uma ausência que busca outra carne para poder vir à luz e atravessar os vestígios da experiência não vivida, para assimilá-la. A presença do psicoterapeuta na ausência que emerge torna-a presente, portanto, a ausência não está mais ausente. A ausência tem um movimento intrínseco, é investigação, é intencional: tende a tornar-se presente com um movimento de partida. Nesse emprestar a carne para fazer nascer e dar forma, a contribuição do terapeuta é única: a sua presença, a sua carne, são únicas, singulares e, assim, o modo de assimilar a experiência também será único.

Essa perspectiva nos ajuda a distinguir claramente a dor existencial da psicopatologia: sentir dor não é psicopatologia, ao contrário, o não poder sentir dor que é psicopatologia. Podemos dizer que a psicopatologia é a consequência de experiências não atravessadas: é o modo de carregá-las sobre si de uma maneira menos incômoda. Muitas vezes, o que não foi possível atravessar era uma dor. A dor do luto, por exemplo, é sinal de presença, a impossibilidade de senti-la é sinal de ausência. A perda, a morte são partes da vida e levam ao sofrimento psicopatológico quando não existe um apoio relacional e existencial para atravessá-las e assimilá-las. Certamente, às vezes uma vida não é suficiente, mas isso faz parte dos limites existenciais e, mais uma vez, não é psicopatologia. Não são só as experiências dolorosas que podem não ser passíveis de uma travessia: a alegria, a raiva ou o prazer, se não forem sustentadas em um relacionamento que os reconheça, que os valide e que respeite limites, também não serão assimilados. Quando uma criança vive em uma atmosfera de luto permanente, aprenderá a não se alegrar, ou seja, seu corpo não passará pela alegria. Ou pode acabar sentindo prazer em situações abusivas: esse prazer dificilmente será assimilado como tal, pois é misturado com outras vivências não formuladas em uma experiência na qual seus limites não são respeitados.

7. QUE RELAÇÃO EXISTE ENTRE A HISTÓRIA PESSOAL E O SOFRIMENTO PSICOPATOLÓGICO?

PELO QUE FOI DITO ACIMA, É EVIDENTE A RELAÇÃO ENTRE A HISTÓRIA vivida e as formas de sofrimento: estas são formas de ausência que permitem levar consigo o não-formulado sem que ele esteja presente continuamente. O que não pode ser atravessado, superado, aparece em formas sintomáticas que permitem sua dissociação: os sintomas são o resultado desse processo. Vamos nos concentrar agora nas histórias que desafiam nossa capacidade de assimilar e que, por isso, trarão sofrimento e perturbação. Qualquer situação que não permita o surgimento de uma vivência na relação e que não seja apoiada até ser assimilada é a raiz da psicopatologia. Entre estas, certamente estão as experiências traumáticas, sejam aquelas de violência (por exemplo, maus-tratos e violência sexual), sejam aquelas de abuso (relacional e sexual) (Bromberg, 1998; Mucci, 2013; Van der Kolk, 2014). O trauma, por definição, é uma experiência que não pode ser assimilada: etimologicamente, vem do latim e significa *ferida*, que por sua vez deriva do sânscrito *tarami*, que quer dizer perfurar, atravessar. Enquanto a experiência é atravessada, vivida, o trauma é penetrado, furado, perfurado. É um acontecimento que deixa um buraco, um vazio não assimilável e que não depende apenas da intensidade do acontecimento, mas também da presença ou ausência de apoio relacional para poder atravessá-lo. A incapacidade de assimilar o trauma produz, em primeiro lugar, hiperexcitação, ou seja, a persistência de um alto nível de alarme, adequado à situação traumática vivenciada, mas não aos momentos seguintes. No entanto, o tempo do trauma não é nem o tempo cronológico nem o tempo da relação presente: é um tempo que permanece fixo no momento do trauma, um presente eterno. Onde existe um trauma, fica-se fora do fluxo de tempo (Grossman, 2014). Em segundo lugar, o trauma produz dissociação, ou seja, ele descarta a experiência sem que seja assimilada, por isso a experiência fica inacessível e, nos momentos em que emerge, absorve a situação presente naquela experiência traumática. O passado cronológico, não assimilado, torna-se presente vivido. Os traumas relacionais, nos quais uma pessoa sofre violência ou abuso, são muito mais difíceis de assimilar do que os traumas naturais (acidentes ou desastres naturais) porque afetam precisamente o tecido relacional necessário para a assimilação das experiências. A psicotraumatologia vive hoje um renascimento importante, depois de ser negligenciada por muitos anos. No início de seus estudos, Freud pensou em uma origem traumática separada dos sintomas psicopatológicos, mas depois, por várias razões (primeiramente, a renúncia a uma crítica social livre), ele acreditou que os traumas relatados geralmente não eram reais, mas fantasmáticos e revelavam um conflito interno do paciente. Nasceu, assim, a teoria da gênese da psicopatologia, a partir de um conflito inconsciente entre as pulsões do *id* e as proibições do superego (Eagle, 2010). Essa abordagem corre um alto risco de retraumatizar os pacientes, pois o terapeuta é levado a pensar que são "apenas" fantasias que colocam em cena um conflito interno; isso invalida e desvaloriza a verdade da experiência traumática, o que geralmente já aconteceu na história daqueles que pedem ajuda (Mucci, 2013). A linha, originalmente desenvolvida por Janet (Craparo, Ortu, & van der Hart, 2019), que vincula a psicopatologia a uma causa traumática real, foi cada vez menos seguida no início do século passado. As coisas mudaram a partir da década de 1970, com os estudos realizados, em particular nos Estados Unidos, sobre os veteranos da guerra no Vietnã e com os estudos psicofisiológicos que destacavam os efeitos biológicos e corporais do estresse e do trauma (Laborit, 1979; Porges, 2011; Van der Kolk, 2014). Hoje, o risco é oposto ao da abordagem freudiana, ou seja, que toda psicopatologia seja reduzida a uma psicotraumatologia. Mas isso depende de como o conceito de trauma é entendido: se dermos uma definição muito ampla a ele, como uma experiência que não pode ser atravessada por falta de apoio suficiente, então talvez, na raiz da psicopatologia, tudo seja trauma. Mas a ausência do outro nem sempre é vivida como traumática: por exemplo, uma criança, em cuja família suas vivências agressivas não podem surgir, poderia desenvolver um sintoma fóbico, mas eu não chamaria isso de efeito pós-traumático. Portanto, eu limitaria o conceito de trauma relacional às experiências de violência e abuso e o de trauma natural às experiências agudas e dramáticas de perda ou terror, que não puderam ser assimiladas devido à falta de apoio relacional e ambiental adequados.

Outro tipo de experiência que encontramos nas histórias de sofrimento é a negligência, o *neglect*. Existem muitos tipos de negligência ou descuido: a criança pode não ter comida, proteção física, higiene, casa e abrigo, educação, ensino, assistência médica, brincadeiras, presença afetiva adequada para suprir suas necessidades de segurança, de afeto e de regulação emocional. Os estudos sobre a negligência têm crescido exponencialmente nos últimos anos, revelando o quanto essa realidade é generalizada e como causa impacto na saúde da criança (Liotti & Farina, 2011). A falta de uma presença afetiva adequada afeta profundamente o desenvolvimento da criança, com consequências psicofísicas que podem levar à morte, como mostra Spitz (1965), nos estudos clássicos em orfanatos. Quando, como nesses casos, o desenvolvimento da criança é caracterizado por repetidas experiências traumáticas, e o trauma não é mais um evento que acontece dentro de um ambiente suficientemente bom, mas é a norma da vida cotidiana, estamos falando de desenvolvimentos traumáticos. Essas histórias estariam na raiz das formas mais graves de sofrimento clínico. Portanto, nem toda psicopatologia é a consequência de eventos traumáticos, uma vez que a incapacidade de suportar uma experiência pode ser devida ao apoio relacional insuficiente, que não é necessariamente traumático. Por exemplo, um determinado tipo de experiência pode ser proibido ou invalidado em uma determinada família ou comunidade e a criança nunca pode experimentá-la, mesmo que não ocorram eventos traumáticos detectáveis.

A relação entre eventos vividos e sofrimento não responde a uma lógica simples de causa e efeito, mas a uma lógica de complexidade; dinâmicas complexas, por definição, não permitem prever qual será sua evolução e suas consequências – embora, os resultados de dinâmicas complicadas possam ser previstos, basta ter uma quantidade suficiente de informações (Morin, 2008). De fato, uma história pode ser construída *a posteriori* para dar sentido ao sofrimento atual, mas é muito difícil, ou talvez impossível, prever como certos tipos de distúrbios ou habilidades especiais se desenvolverão a partir de certos eventos. É a regra da formiga na árvore: quando vemos uma formiga no galho de uma árvore, é fácil prever que ela subiu pelo tronco, mas se vemos uma formiga subindo pelo tronco, é impossível prever em qual galho ela continuará subindo. Com essa cautela em mente, pesquisas mostram que maus-tratos, abusos físicos, emocionais e sexuais e negligência, na literatura denominada geralmente *childhood adversities* (adversidades na infância), são os mais importantes fatores de previsão de transtornos psiquiátricos e que cerca de 80% das pessoas com sofrimento psicopatológico apresentam um histórico de adversidades na infância. O

Child Maltreatment Report, de 2015, do *National Child Abuse and Neglet Data System*, do Departamento de Saúde dos Estados Unidos, relata que entre as *childhood adversities* (adversidades da infância), mais de 75% são negligências, mais de 15% são maus-tratos, cerca de 10% são abusos sexuais. Outro dado importante é que cerca de um terço ocorreu nos primeiros três anos de idade, portanto, com uma alta probabilidade de que, uma vez que adulto, o indivíduo não possa ter uma memória narrativa e autobiográfica desses eventos. Para testemunhar a verdade da própria história, permanece apenas a memória corpórea e a fidelidade aos sintomas.

8. QUAIS SÃO AS CARACTERÍSTICAS DO SOFRIMENTO NEURÓTICO, BORDERLINE E PSICÓTICO?

ESSAS TRÊS QUALIDADES DO SOFRIMENTO PODEM SER CONSIDERA- das três modos de funcionamento, em vez de organizações ou estruturas, como às vezes são consideradas (Kernberg, 1993; Cancrini, 2006): sendo funcionamentos, é possível passar de um a outro, um pouco como se fossem *atratores estranhos*[6] em torno dos quais os vários conteúdos da experiência podem girar. A passagem de um funcionamento para outro acontece em função do campo relacional, do quanto este se direciona a um desses atratores, do quanto impõe limites rígidos entre um e outro, do quanto favorece a passagem de um tipo de experiência a outra. Nos contextos líquidos em que vivemos, os transtornos de personalidade de funcionamento borderline tendem a ser um atrator predominante quando a construção dos limites definidos entre si e o mundo é muito instável e indefinida (Gecele, 2013). Portanto, é mais difícil encontrar funcionamentos neuróticos ou psicóticos "puros", já que o atrator borderline acelera e destrói os dois funcionamentos. Na primeira metade do século XX, era clara a distinção entre psicose (esquizofrênica e maníaco-depressiva antes, e esquizoafetiva depois) e transtornos neuróticos; além disso, os transtornos de caráter ou de personalidade eram considerados modos de estar no mundo egossintônicos para a pessoa, mas que poderiam produzir sofrimento nos outros

---

[6] N.T.: Originalmente, "atractor" refere-se ao conjunto de pontos para onde todas as trajetórias são conduzidas.

(Schneider, 1959). Depois, foi identificada uma situação clínica que poderia oscilar entre o funcionamento psicótico e o neurótico: um estado "no limite" e, portanto, borderline. Na década de 1970, Kernberg (1975; 1993) propôs uma definição diferencial da organização das personalidades neuróticas, psicóticas e borderline, com base no tipo de defesas utilizadas, no exame da realidade e na dispersão do eu. Essa leitura nos permite considerar a experiência borderline como um funcionamento em si e não apenas defini-lo como um funcionamento não-neurótico e não-psicótico, com o risco de colocar em uma zona cinzenta todas as situações clínicas pouco definidas, indesejáveis e perturbadoras para o clínico. Na psicose, as defesas são arcaicas, o exame da realidade está comprometido e o eu não tem limites definidos. Na neurose, as defesas são mais evoluídas, o exame da realidade está preservado, o eu tem limites definidos. No funcionamento borderline, as defesas são arcaicas (em particular a cisão e a identificação projetiva), o exame da realidade geralmente está preservado, o eu é difuso e, portanto, não tem limites definidos. Um elemento importante introduzido por Kernberg é o fato de que a organização borderline pode estar presente em vários transtornos de personalidade; por exemplo, uma personalidade narcisista ou obsessiva pode ter um funcionamento borderline. Muitas vezes, há confusão sobre esse ponto, portanto, é necessário esclarecer o máximo possível: a organização (ou funcionamento) borderline não corresponde apenas ao transtorno de personalidade borderline: o primeiro corresponde a um modo de funcionar que pode ser a base de vários outros modos em que os transtornos de personalidade podem se apresentar. Por exemplo, o paciente pode apresentar as características de um transtorno de personalidade narcisista, histérico, obsessivo etc. e ter um funcionamento borderline. Isso tem uma importância fundamental (e muitas vezes negligenciada) na terapia: por exemplo, se o terapeuta trabalha com um paciente que apresenta uma personalidade narcisista sem considerar que seu funcionamento é borderline, o apoiará – o que seria correto para o estilo narcísico – a expressar as partes que – geralmente por vergonha – não são expressas. Essa intervenção, diminuindo a contenção emocional das partes não expressas, poderia ajudar o paciente a manifestar um distúrbio borderline (com atitude e expressão intensas, e mais ou menos caóticas, de todas as experiências): nesse ponto, o terapeuta corre dois riscos. O primeiro, é considerar isso como um sucesso terapêutico e um sinal de terapia "concluída": o paciente que antes não se expressava, agora se expressa, e como! O segundo, é que o terapeuta se assuste, sem entender que é uma evolução do caminho terapêutico, com todas as consequências que essa desorientação pode causar na relação terapêutica. Além das diferentes maneiras de entender esses funcionamentos, é importante ter em mente algumas coisas: antes de tudo, que esses três funcionamentos diferentes existem, e isso tem implicações importantes para a terapia no que diz respeito à abordagem do paciente, o que pode mudar os desafios do tratamento. Em segundo lugar, esses três funcionamentos podem aparecer na mesma pessoa em momentos diferentes (e isso pode acontecer com o paciente e com o terapeuta) e também no decorrer de uma mesma sessão. Em terceiro lugar, as condições da situação podem fazer emergir, em diferentes momentos, um campo neurótico, borderline ou psicótico. Finalmente, esses estados não esgotam os funcionamentos possíveis, por exemplo, muitos estados alterados de consciência não podem ser entendidos dentro dessas três categorias. Dito isso, é preciso lembrar que a psicopatologia assume as formas do tempo e da sociedade: é isso que favorece ou impede as formas de sofrimento, que as coloca "em forma" (patoplastia). Hoje, praticamente não vemos mais na terapia os neuróticos e os transtornos psicóticos, assim como falava Kernberg: os transtornos de personalidade se tornaram o transtorno endêmico do nosso tempo, comprimindo e contaminando as faixas de experiências neuróticas e psicóticas, que se apresentam mais raramente de uma maneira típica e pura (Gecele, 2013; Gecele & Francesetti).

Para compreender as diferenças e características desses três funcionamentos, podemos começar com uma análise gestáltica[7] da percepção[8]. Metzger (1941), dentre outros, destacou empiricamente que a percepção é um processo que, em algumas frações de segundo, leva a um resultado perceptivo, no qual o sujeito se percebe distanciado do objeto: o sujeito está em uma posição de destaque, seja ela espacial ou emocional, e o objeto possui contornos definidos e claros. Esse resultado perceptivo, que Metzger chama de *Endgestalt* (ou seja, forma perceptiva final) é o resultado de um processo que surge de um momento perceptivo muito diferente, mais original: as formas perceptivas desse momento inicial são chamadas *Vorgestalten* (ou seja, formas perceptivas iniciais). No momento de *Vorgestalten*, a experiência é difusa, indeterminada e global. A figura ainda não se destaca do fundo, algo existe, mas é indefinido, há uma presença instável, confusa, indefinida; é uma experiência de não-silêncio, de inquietude antes de que se distinga claramente um sujeito de um objeto. Nesta primeira fase, predominam as qualidades fisiognômico-expressivas: estas são carregadas emocionalmente; comunicam algo intenso de forma imediata e pré-reflexiva; são experienciadas passivamente, como se amarrassem o sujeito, há uma sensação de espera por uma evolução, por um fim que deve ser definido, mas que aqui ainda não é dado. Se essa evolução tarda, surge uma tensão e inquietude crescentes. No momen-

---

[7] Klaus Conrad (1958) utilizou as pesquisas de Metzger para sua análise gestáltica da experiência esquizofrênica.

[8] Para saber mais, consultar Francesetti (2019a).

to final do *Endgestalten*, em vez disso, prevalecem as qualidades estruturais-materiais: caracterizadas por uma vivência de alívio na percepção de uma figura distinta, uma silhueta objetiva, da qual o sujeito se sente distanciado e na posição de poder observar com senso crítico e desapego emocional. Termina a sensação de estar preso passivamente dentro de algo indistinto e perturbador. Nas *Vorgestalten*, na origem de toda percepção, a experiência é atmosférica e pré-dualista e é a base de nossa vida pática (Tellenbach, 1968; Griffero, 2010; Böhme, 2010; 2017; Schmitz, 2011; Francesetti, 2015). *Pática* significa sentida no corpo vivido e sofrido: de fato, somos imediata e passivamente apreendidos pelo pático, movidos pelo sofrer e pela paixão, é um acontecimento *ao qual* estamos sujeitos (e não *do qual* estamos sujeitos). Na atmosfera, figura e fundo ainda não estão definidos, trata-se de uma tonalidade afetivamente carregada e difusa no espaço, imediata e sem limites definidos, da qual emergem sujeito e objeto, que impregna e colore a experiência nascente, que apreende os sujeitos e objetos em um fazer-se recíproco e circular[9].

Nesta fase inicial da percepção, os limites e os polos da subjetividade e da objetividade não estão definidos e estáveis: essa análise gestáltica da percepção está alinhada com a descrição da formação do *self* desenvolvida por Antonio

---

9 "Reabilitar filosoficamente a paticidade significa dar valor (...) ao abandono de si mesmo, aceitar ser mais *sujeito a* do que *sujeito de*; é também equivalente a defender a não-atualidade e, portanto, também a atualidade crítica, de um presente que é muito mais raro hoje do que no passado – saber ser veículo do acontecer ao invés do fazer – e que o dogma racionalista pós-iluminista da soberania subjetiva, animado por heróis para os quais, no começo, haveria a ação, e o sentido da vida seria dado apenas pelo planejamento dos próprios objetivos, não pode, obviamente entender e muito menos compartilhar. (...) o pático seria o dom de receber e não produzir efeitos" (Griffero, 2017).

Damasio (2010)[10]. De acordo com esse modelo, desenvolvido a partir de seus estudos neurológicos, na percepção, o *self* surge progressivamente – mesmo aqui, em frações de segundo – passando por algumas fases: o proto-*self*, o *self* subjetivo, o *self* autobiográfico. Na fase inicial original do proto-*self*, a presença de algo é sentida, sem que já esteja definido a quem pertence. A quietude se agita em uma inquietude ainda não atribuível a mim como sujeito, porque a sensação de ser um sujeito separado surge mais tarde. O conceito do *self emergente*, de Daniel Stern (1985) também capta esse dado inicial de cada experiência. O *self* emergente caracteriza os primeiros meses da vida da criança: neste momento do desenvolvimento infantil, não existe um sentido definido de *self*, nem se é claramente distinto do mundo, mas está em figura *o processo de surgimento do self*. No modelo de Stern, os estágios atravessados no desenvolvimento estão presentes em todas as experiências subsequentes, em todos os momentos e por toda vida. Mesmo a reflexão fenomenológica indica uma dimensão original da experiência, na qual sujeito e objeto ainda não são diferenciados e descreve a atitude ingênua e natural (Husserl, 1931) que, normalmente, caracteriza nossa percepção como um produto e não como um dado original experiencial, mesmo que normalmente não prestemos atenção a ela (Merleau-Ponty, 1945; Wiesing, 2014; Alvim Botelho, 2016). Nesse nível de indiferenciação, as sensações ainda não são atribuídas ao *self*, mas são vagas e confusas. A presença desse *momentum* experiencial original é atestada pela própria etimologia das palavras: "Nos termos *sujeito* e *objeto*, encontramos guardados os rastros desse processo: *sub-jectum*, do latim, significa lançado para baixo, *ob-jectum* significa lançado à frente, tendo em mente que não são dados originais, mas o produto de uma ação de ser lançado em duas regiões diferentes do mundo" (Francesetti, 2016a). Em um

---

[10] Consultar: https://www.youtube.com/watch?v=HdZmPTI3e2w

trabalho anterior, chamamos esse momento de *fase pré-pessoal* da experiência (Francesetti & Spagnuolo Lobb, 2013) e o colocamos como a pedra angular da compreensão da experiência psicótica. Nessa experiência, o sujeito não consegue surgir da dimensão pré-pessoal do *Vorgestalten* e vagueia em um mundo sem fronteiras definidas, inquietante, incomunicável, que o leva passivamente e do qual não consegue escapar. E de onde o delírio e a alucinação, adaptações criativas verdadeiras e próprias desse pesadelo, podem trazê-lo para fora, sem poder levá-lo para um mundo compartilhado, mas pelo menos mais definido[11]. Essa análise está alinhada com a leitura de Zahavi e Parnas, que colocam no transtorno do *minimal self*[12] um elemento central da experiência esquizofrênica (Zahavi, 2017).

Chamei esse mundo indiferenciado de mundo *além das Colunas de Hércules*, um lugar que os antigos colocavam além do mundo conhecido e do dizível, além do *non plus ultra*, um mundo povoado por monstros e quimeras dos quais as colunas (que em grego indicam os *limites*) nos protegem. Todos nós, na raiz de cada uma das nossas experiências, surgimos desse mundo. Essa perspectiva está alinhada com o conceito de *self* emergente que funda a teoria da Gestalt-terapia (Philippson, 2009; Robine, 2016; Francesetti, 2016a; Spagnuolo Lobb, 2016; Alvim Botelho, 2016; Bloom, 2016): o *self* é um processo que emerge na situação, nasce como *self* da situação (Perls, Hefferline, & Goodman, 1951; Robine,

---

[11] O primeiro a usar as obras de Metzger para entender a experiência psicótica foi Klaus Conrad (1958), que lançou as bases para um estudo da psicopatologia, que chamou, precisamente, de "análise da Gestalt", infelizmente não adotados em todo seu potencial pelos pesquisadores que vieram depois e hoje reavaliado por alguns autores (Alessandrini & di Giannantonio, 2013).

[12] O *minimal self* é a fase do surgimento do *self* que permite sentir as sensações com suas próprias.

2004). Reconhecer essa origem da subjetividade em uma matriz pré-dualista é particularmente importante porque funda uma perspectiva pós-cartesiana (ou *postdemocritea*, de acordo com Schmitz, 2011), da qual nasce uma compreensão do sofrimento e da sua cura a partir do campo (ou da relação, ou da situação, ou da matriz intersubjetiva, dependendo dos autores) e não do indivíduo, mesmo que seja aquele que a sofre, a expressa e invoca sua transformação. Esta análise do processo perceptivo é a base, mas em outra escala temporal, da sequência de contato descrita no livro *Gestalt Therapy* (Perls, Hefferline, & Goodman, 1951). O momento pático (referente ao pathos) indiferenciado é o domínio da função-id do *self*, da qual, com base nos contatos assimilados (função-personalidade), emergimos continuamente como sujeitos.

Na **Figura 1** podemos ver uma representação gráfica dos três funcionamentos.

Figura 1 – Representação gráfica dos funcionamentos neurótico, borderline e psicótico.

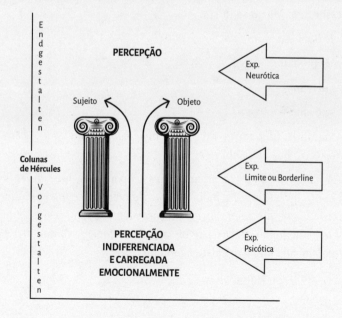

Vamos agora ver brevemente uma descrição das experiências e uma tentativa de compreendê-las em termos de atualização do sofrimento na sessão.

8.1. PRIMEIRA FORMA: O SOFRIMENTO PSICÓTICO.

Desde o primeiro encontro, a presença de Maria, em contato com a minha, cria imediata e intensamente uma atmosfera de suspensão, muito tensa, um clima em que qualquer coisa pode acontecer. A tragédia está suspensa sobre nossas cabeças, em cada instante se pode acontecer o inimaginável, o catastrófico.

Respiro... procuro suportar a angústia e permanecer nessa atmosfera opressiva, sinistra, mas por vezes, sou tomado por uma repentina vertigem. Retorna à minha mente uma sessão com outra paciente, anos atrás, na qual, em determinado momento, senti a sala flutuar (ou seria eu mesmo?). Por uma fração de segundo, fiquei desorientado, em seguida, ao nos olharmos, percebemos que houve abalo real de um terremoto. Nesse clima, a sessão com Maria se inicia.

T: Bom dia.

M: Bom dia.

Silêncio.

T: Como você veio?

M: Minha filha me trouxe... é, acho que foi minha filha... pelo menos é o que eu acho.

A maneira como ela pronuncia essas palavras, tão naturais a ponto de estarem no meio de uma conversa, me joga em um universo em que nada é firme ou consistente: é um turbilhão de objetos de papel machê frágeis que se desfazem; verdadeira e ontologicamente, não existe nenhuma certeza.

T: Sua filha Anna?

M: *É, sim, se chama Anna, minha filha... pelo menos, é o que eu acho.*

A busca pelas respostas não passa pelo corpo, como se nada tivesse sedimentado na certeza da memória, da experiência, do sentir. Tudo é concretamente possível, nada é adquirido, e as respostas vêm de deduções desenraizadas de qualquer coisa que possamos chamar, de forma compartilhada, de corpo ou realidade.

O primeiro modo de ausência, então, é não ser constituído como sujeito, o que acontece com nas experiências psicóticas (Francesetti & Spagnuolo Lobb, 2013; Francesetti 2019a). Paradoxalmente, nessa ausência há uma presença particular, muito poderosa. Quando a encontramos – se não nos retraímos – somos apanhados, infectados, perturbados, devastados. Existe a ausência da constituição do sujeito, mas há uma presença atmosférica poderosa, porque o sujeito está em potência, o desejo de se constituir é muito forte, mas isso não chega a acontecer, pelo menos não nesse campo relacional. Se olharmos nos olhos de uma pessoa em angústia psicótica, veremos um mais além, um abismo sem limites. Por sua vez, nos sentimos nus, ultrapassados: o olhar psicótico é desconstrutivo porque nos mergulha numa dimensão na qual as subjetividades não são constituídas, as fronteiras estão por vir. Aqui existe a incapacidade de se cocriar em um modo definido, mas o impulso para emergir em um modo definido pode ser poderosamente ativo, embora esteja impossibilitado de alcançar a definição. Estamos imersos na tentativa contínua, e continuamente derrotada, de criar um mundo com fronteiras claras e conectadas, em um cadinho de calor branco, onde todas as possibilidades são criadas e dissolvidas. Na experiência psicótica, o paciente não consegue emergir do indiferenciado, do qual emerge cada percepção. Ele permanece enredado além das Colunas de Hércules: elas foram colocadas por Hércules no Estreito de Gibraltar para separar o mundo conhecido do desconhecido. Além das colunas (que em grego também significam fronteiras) residem os monstros dos quais devemos ser separados para poder viver. Nessa dimensão, as polaridades experienciais que se tornam sujeito e objeto ainda não estão constituídas, é a dimensão de *Vorgestalten* descrita por Metzger (1941), e estar aprisionado ali significa experimentar uma angústia indizível. E esse é um elemento central do drama psicótico: a impossibilidade do dizer da experiência. De fato, toda gramática (Chomsky, 1968) é baseada em uma estrutura que consiste em sujeito + verbo + complemento de objeto. Mas quando a experiência ainda não alcançou a diferenciação entre sujeito e objeto, não existe linguagem para expressar o que é vivido. A angústia sinistra e perturbadora, na qual tudo pode acontecer, torna-se também insuperável. Aqui o delírio vem em socorro: um ajustamento criativo que permite dar um sentido à angústia e narrá-la. E, pela mesma razão, surge a alucinação: que permite jogar um objeto para fora, reduzindo a angústia daquilo que não pode ser diferenciado. Dois ajustamentos criativos que reduzem a angústia, mas sem alcançar um mundo comum e compartilhado, que é o traço característico da experiência psicótica: estar fora da evidência natural do mundo comum (Blankenburg, 1971). A verdade dessa dimensão é guardada pelos loucos, pelos poetas e pelas crianças (Salonia, 2001; 2004; Borgna, 2011), capazes de uma linguagem que desorganiza a gramática e ilumina o indiferenciado de onde viemos e onde nunca poderemos ser. Antes de sermos sujeitos definidos, somos o campo pulsante da vida: somos aprisionados ali quando vivemos uma experiência psicótica. E dali somos banidos, forçados a viver em nossa trágica necessidade de dualidade (Fachinelli, 1989). Viemos de onde nunca estivemos, e para onde nunca poderemos estar ou voltar (Waldenfels, 2011).

8.2. SEGUNDA FORMA: O SOFRIMENTO NEURÓTICO

Um paciente, um homem por volta dos 50 anos, diz: "Não tenho problemas particulares, os comuns da vida. Mas parece que não vivo. Tenho 50 anos e a vida não tem sabor, estou sempre insatisfeito. Ultimamente, senti por um momento uma espécie de felicidade sair pela garganta, mas parou ali. O corpo se enrijeceu, esfriou e não senti mais nada".

"E agora, o que sente enquanto está contando isso?"

"Nada... estou bem... em uma palavra, normal".

A segunda maneira pela qual podemos estar ausentes ocorre quando nos constituímos como sujeitos, mas estamos ausentes de nossos sentidos, anestesiados. Essa é a ausência que experimentamos em nossas experiências neuróticas: uma sensação de insatisfação subjacente, ou uma sintomatologia incômoda, que arruína o sabor da vida, uma ansiedade ou um remoer sobre a vida, em vez de vivê-la plenamente. Falta a possibilidade de estar totalmente presente na fronteira de contato reunindo todas as potencialidades que a situação coloca em jogo. O processo de contato neurótico foi cuidadosamente analisado por PHG (Perls, Hefferline e Goodman), onde foram descritas as e interrupções do contato que diminuem o encontro com a novidade, a excitação e o crescimento, e a experiência é, em parte, vazia. Trata-se de modalidades protetoras, de ajustamentos criativos, aprendidas para diminuir a dor em situações difíceis, depois, tornadas rígidas, repetitivas, cristalizadas e não-funcionais. A ausência do contato foi protetora, mas depois – esquecida – tornou-se um hábito. Nesse modo de funcionamento, a presença plena é difícil ou impossível: aprende-se a reduzi-la para estar menos exposto, para sentir menos dor e carrega-se essa memória, que é testemunha de um outro ausente ou invasivo na história pessoal, mas não tanto a ponto de não ser possível constituir-se como um sujeito definido e separado. As emoções são pouco sentidas e pouco expressas, o sujeito é um pouco dessensibilizado e pouco espontâneo.

É na fronteira de contato que o terapeuta encontra essas ausências (ou interrupções de contato ou flexões, como diria Robine, 2013) e as encontra esteticamente – com os sentidos – como falta de existência plena e de presença plena. Esse sentir já é um ato terapêutico, pois traz de volta à vida, no campo relacional, a consciência da ausência esquecida. Recordar a ausência já é uma presença maior: recordar etimologicamente significa, de fato, *regressar ao coração*[13] e recolocar a ausência entre nós realiza o milagre de transformá-la em presença. A *aisthesis* aqui se faz *poiesis*, o sentir se faz obra.

8.3. TERCEIRA FORMA: O SOFRIMENTO BORDERLINE

Annamaria, 43 anos, em terapia há dois anos, ela se senta, está muito agitada, parece profundamente angustiada, não consegue ficar quieta na poltrona.

A: *Acabei de me sentar e senti que estava sufocando... não consigo respirar... não sei por quê.*

O rosto se contorce em caretas de um choro que não sai, o olhar é rápido e lateral, como se estivesse procurando uma rota de fuga, e o corpo se liberta de laços que não vejo.

T: *O que está acontecendo, Annamaria?*

A. *Não sei... não sei... não consigo ficar aqui... quero me arranhar...*

Tento resistir à tensão respirando e apoiando-me na lembrança de que muitas vezes a angústia de Annamaria deu à luz algo bom e sensato, mas às vezes o tormento fica no limite do suportável.

---

13 Em inglês, *to re-member* significa retornar aos membros, ao corpo.

A: *Quero me arranhar...*

Diz isso passando as unhas nos braços, tencionadas para arranhar e ao mesmo tempo travadas, movidas por forças opostas e titânicas.

Olho para ela, respiro, experimento dor e impotência.

A: *Me veio à mente um fragmento de sonho dessa noite... não me lembro de nada, apenas que você estava se aproximando de mim também, muito...*

Imediatamente sinto que estou muito perto dela, sinto o perigo do monstro dos últimos sonhos, lembro da presença pegajosa, ambígua, horrível e excessivamente doce dos abusos sexuais do pai quando ela era criança. Minha cabeça está girando...

A: *Tenho medo... talvez tenha acontecido alguma coisa da outra vez... estou apavorada.*

Agora me lembro: da outra vez senti uma forte ternura por Annamaria, um profundo desejo de abraçá-la...

O sofrimento borderline apresenta algumas peculiaridades que o diferenciam do sofrimento neurótico e do psicótico (Gecele, Francesetti, 2020). Aqui, diferentemente da psicose, o sujeito está constituído, mas de um modo instável, sem uma continuidade experiencial de *self* e das várias partes e momentos de sua vida. E, diferentemente da neurose, o ponto não é sentir e expressar em demasia as emoções, mas poder senti-las e expressá-las sem que exista um efeito desintegrador sobre o *self* e sobre a relação. Isadore From indicava como traço característico dessa experiência a intencionalidade de preservar um esboço de si mesmo, laboriosamente construído e sempre a ponto de ser perdido (Spagnuolo Lobb, 2013a). Um esboço que deve ser defendido a todo custo e que é mais ou menos instável, de alto risco quando o outro desaparece (daí, o forte medo de abandono) e de alto risco quando o outro se aproxima (daí, o forte medo de ser invadido). O processo de diferenciação do *self* leva à constituição da experiência de tal maneira que a pessoa se sente diferenciada e conectada: a instabilidade desse processo faz com que o sujeito sinta que corre o risco de perder a diferenciação (medo de invasão) ou de perder a conexão (medo de abandono). Além disso, um núcleo de identidade instável oscila entre intensidades emocionais diversas e contrastantes, daí a constatação de que o que é estável na experiência borderline é a instabilidade. Na terapia, como em outras relações, as ondas de idealização se alternam com as de destruição, tendo como característica a falta de nuances perceptivas e avaliações "ou tudo preto ou tudo branco".

Essa perspectiva nos permite entender que, na experiência borderline, o medo de ser abandonado é apenas um dos aspectos fundamentais da experiência. O outro, o medo de invasão, é igualmente importante e é a combinação dos dois, o que torna instável e complexa a relação da distância/proximidade correta na terapia. Nesse ponto, diferenciamo-nos de alguns autores que privilegiaram o aspecto da necessidade de amor e dependência para descrever essa experiência (Masterson, 2014; Greenberg E., 2016).

Podemos nos perguntar em que situações essa modalidade perceptiva (que corresponde à cisão, um mecanismo de defesa arcaico indicado por Kernberg (1975) como característica da experiência borderline) poderia ter sido um ajustamento criativo, isto é, uma vantagem para a pessoa. Uma modalidade desse tipo é vantajosa, por exemplo, para sair de uma situação confusa, de caos e desorientação, na qual permanecer seja ao mesmo tempo angustiante e perigoso. De fato, na história do funcionamento borderline, frequentemente são encontrados processos traumáticos caracterizados por abuso, sejam eles psicológicos, emocionais, sexuais. O abuso é, por definição, uma confusão de limites e um impedimento para constituir a si mesmo como uma subjetividade definida. A sensibilidade aos limites, ao afastamento (com risco de abandono) e à aproximação (com risco de invasão) são, portanto, o resultado de um esforço terrível e solitário para emergir do *além das Colunas de Hércules*, onde o indefinido reina soberano e a experiência se estrutura como psicótica. No entanto, não é uma experiência que possa ser definida simplesmente como não-psicótica e não-neurótica, mas um funcionamento específico, uma maneira reconhecível e descritível de viver e salvar-se continuamente de cair além das Colunas de Hércules. Nesse sentido, é um funcionamento entre o psicótico e o neurótico, porque pode oscilar e, às vezes se tornar psicótico ou neurótico, o que, nesse contexto, significa ter limites e conexões mais ou menos definidas, mas apresenta especificidades da experiência e do percurso terapêutico que requerem um consideração do *self* e de suas outras funções. Enfatizar isso não responde somente a uma necessidade de distinção teórica: na experiência borderline, uma das experiências mais profundas e dolorosas é a falta de dignidade de ser você mesmo e de ser visto como tal. Por décadas a psiquiatria e a psicologia não deram para essa experiência o reconhecimento de existir como uma vivência diferente e única, que mereceria uma análise cuidadosa do que é e não apenas do que não é, e usaram essa categoria como um cesto de lixo para colocar o que não se encaixava em outras categorias ou até mesmo colocar os pacientes que não gostavam do clínico (Vaillant, 1992). Dar dignidade a essas vivências não é apenas um dever na psicopatologia, é também uma etapa terapêutica que se repetirá continuamente na terapia: reconhecer e dar dignidade às experiências e manter uma memória que, ao longo do tempo, integra os fragmentos perceptivos e afetivos que, muitas vezes, arrebentando, emergem gradualmente. A experiência borderline, quando "cuidada" e sem demasiada carga de angústia, apresenta uma competência perceptiva privilegiada: a estreita relação com a dimensão pática do indiferenciado permite uma extraordinária sensibilidade ao campo, uma excelente capacidade sismográfica de apreender as forças em movimento na situação. Um sexto sentido precioso: quando existe angústia em excesso, se torna *acting out*; quando, em vez disso, há contenção suficiente, torna-se uma fonte de conhecimento sobre o que está acontecendo antes mesmo que isso se torne facilmente acessível a todos.

8.4. E HOJE, QUAIS PACIENTES ENCONTRAMOS NA NOSSA PRÁTICA CLÍNICA?

Como veremos mais adiante, e como já mencionei, o sofrimento assume as formas que o contexto social disponibiliza, portanto, a psicopatologia muda com o tempo e o espaço, com a mudança de culturas, de sociedades e de situações. Nos tempos pós-modernos, em um contexto líquido, em que os limites entre o privado e o social são extremamente porosos, em que a fragmentação, a complexidade e a aceleração impedem a assimilação de experiências, a personalidade borderline representa uma forma eficaz para ajustamentos criativos à sociedade. De fato, os transtornos de personalidade foram ampliados, eles desgastaram, encolheram e esmagaram as experiências neuróticas e psicóticas e se tornaram endêmicos. Podem ser considerados o transtorno característico do nosso tempo (Gecele, 2013). Portanto, é essencial preparar-se para uma clínica que seja flexível o suficiente para ser renovada pelos pacientes, em vez de rigidamente ancorada em categorias aprendidas. Em particular, hoje: justamente porque, em nosso tempo, a experiência tende para a dimensão borderline, acolher um paciente e defini-lo com categorias pré-concebidas provoca imediatamente uma reação de "borderlinização", ou seja, um aumento da intensidade do distúrbio. Este último, precisamente por funcionar de maneira borderline, é sensivelmente alérgico a uma definição extrínseca simplista e, portanto, para estabelecer uma aliança terapêutica, é necessário abandonar qualquer definição reducionista e oferecer suporte suficiente para reconhecer e conter a complexidade, aparentemente irreconciliável, da experiência individual e da liquidez social. A constituição de um núcleo de identidade, estabilizado pela função personalidade do *self*, também é dificultado pela aceleração característica do nosso tempo. Nesse contexto, a exposição à novidade é contínua, enquanto a pausa para assimilação é extremamente escassa e socialmente pouco apoiada. Isso torna difícil estabelecer o sentido de "quem eu sou" a partir daquilo que vivo, pois não há tempo para deixar passar o sentido da experiência na reelaboração de "quem eu me tornei". Esse elemento de alienação da experiência em tempos de aceleração (Rosa, 2010) também reforça o atrator que leva ao funcionamento borderline.

9.
FAZER OUTROS SOFREREM É UMA FORMA DE SOFRIMENTO?

UM HOMEM DE 35 ANOS, CORPO RETESADO, UMA ESTRANHA *DISCOR-dância entre o sorriso dos lábios e a dureza do olhar. Se presto atenção em mim, sinto medo: posso sentir seu sarcasmo*[14] *arranhando minha carne. Foi encaminhado para mim porque maltrata a companheira.*

Ele me diz com uma frieza irônica: "Quando estou com uma mulher, não sinto nada além do meu prazer. Só interessa o meu prazer. No começo, não existem problemas. Depois de um certo ponto, sempre que ela me contradiz, eu não aguento. Não tem motivo, por isso me irrito, então ela quer ir embora. Ela não entende que tem que ficar? Se ela não entender por bem, vai entender por mal".

"Você diz que isso sempre acontece em algum momento nos seus relacionamentos?"

"Sim..., mas você deve saber que eu, no fundo, trato todas as mulheres como prostitutas, porque elas são todas putas. Elas nem se dão conta, porque eu sou esperto, e eu as exploro. No final, quando elas percebem, já é tarde, eu já me aproveitei..."

Mas o que dizer da dor de quem provoca dor nos outros? De quem tortura, abusa, violenta, mata? Isso também é sofrimento? Se sim, que sentido pode haver? O debate sobre a complexidade das experiências psicopáticas está muito vivo, qualquer simplificação é arriscada, limitamo-nos aqui a al-

---

14 Do grego, *sarkaizein*, rasgar a carne (Cortellazzo & Zolli, 1983).

guns exemplos para poder inserir esse tipo de experiência entre as possíveis formas de sofrimento e encaminhar o leitor para uma publicação específica (Francesetti, 2020). Na psicopatia, o outro é reificado, isto é, percebido e tratado como um objeto para seus próprios propósitos, há indiferença ou prazer pela dor do outro. A relação Eu-Tu não é possível, é uma relação Eu-isso (Buber, 1923). As condições que as pesquisas identificaram como elementos de risco e predisposição para o comportamento psicopático são diferentes e podem ser divididas em individuais e situacionais. Entre as primeiras, estão as predisposições biológicas (alguns arranjos genéticos e hormonais) e as biográficas (na maioria das personalidades psicopáticas, houve infâncias politraumáticas). Entre as segundas, estão as situações em que mesmo aqueles sem predisposições biológicas ou de personalidades agem de forma violenta e objetificante (o efeito Lúcifer, descrito por Zimbardo (2008) no experimento de Stanford) e as especulações sobre as ações violentas como consequência do desenvolvimento tecnológico, que produz uma lacuna entre a capacidade do homem de produzir e de lidar com as consequências. Deixamos para a literatura citada a análise aprofundada desses temas, limitando-nos aqui a destacar uma dimensão relacional que pode nos ajudar a encontrar sentido em uma experiência que frequentemente está além do compreensível, do aceitável e do humano. O elemento relacional que proponho não se esgota, nem é uma alternativa às outras dimensões envolvidas, mas acrescenta um caminho de pesquisa e investigação do trabalho clínico. Se, em uma perspectiva de campo relacional, sofrer é carregar, então esta talvez seja a situação de maior sofrimento: aqui a dor experimentada foi colocada tão longe que, para carregá-la, precisamos da carne, do corpo de outra pessoa. Nossa carne está tão anestesiada com essa dor que, para que ela venha à tona, devemos infligir dor à outra pessoa. É a maneira pela qual o mal do mundo é transmitido. E isso existe em muitos graus diferentes: desde o cotidiano, que pertence a todos nós, até a crônica policial dos jornais, em que alguém mata ou tortura; ou ainda ao que é socialmente aceito ou prescrito em situações de guerra e na perseguição a grupos minoritários. Para a psicopatia, está reservado um lugar marginal na psicoterapia, porque, geralmente, não há pedido de ajuda e o próprio tratamento – geralmente em uma instituição prisional – é muito difícil. É a experiência de quem, não sentindo o mal, faz o mal. É a tragédia de quem não sente a própria dor e a provoca no outro. A dor de quem não sente dor se transforma em mal e na dor que atinge o outro. Aquele que tortura expressa a própria ausência ao provocar dor em quem tortura. É a transformação do *mal-ausência* em *mal-delito*, e isso em *mal-dor*. Esse sofrimento – cuja experiência é privada da possibilidade de sentir a dor do outro – deve ser definitivamente incluído na psicopatologia.

Que sentido podemos observar nesse sofrimento? Numa visão radicalmente relacional, podemos chegar a captar a intencionalidade vital desse ato: a dor que não pode ser sentida é provocada em uma outra criatura. Somente desse modo ela pode ser transformada. É claro que desperta um sentimento de repulsa, pois reagimos à perversão inerente a esse processo: o inocente sofre violência e dor para transformar a dor do carrasco. As palavras de Simone Weil são esclarecedoras sobre este ponto: "o inocente que sofre sabe a verdade sobre seu carrasco. O carrasco não a conhece. O mal que o inocente sente sobre si mesmo está no seu carrasco, que não se dá conta. Os inocentes podem conhecer o mal somente como sofrimento. O que não é sensível no criminoso é seu crime. [...] inocente é quem pode sentir o inferno. [...] Todo crime é uma transferência do mal daquele que atua sobre aquele sofre "(Weil, 1952, p. 72). Simone Weil sempre escreve sobre a transformação da ausência em dor e beleza: "o falso

Deus transforma o sofrimento em violência. O verdadeiro Deus transforma a violência em sofrimento. [...] A paciência consiste em não transformar sofrimento em crime. Isso já é suficiente para transformar o crime em sofrimento. [...] A pureza é absolutamente invulnerável, pois é pureza; no sentido de que nenhuma violência a torna menos pura. Mas ela é eminentemente vulnerável no sentido de que todo golpe do mal a faz sofrer; todo pecado que a toca se torna sofrimento. [...] o mal é sempre a destruição de coisas sensíveis, onde existe uma presença real do bem. O mal é feito por aqueles que não têm conhecimento dessa presença real. Nesse sentido, é verdade que ninguém é voluntariamente mau. [...] O bem é aquilo que dá mais realidade aos seres e às coisas; o mal é aquilo que a tira."(Weil, 1952).

Como eu disse acima, é improvável que um pedido de ajuda venha de uma personalidade psicopática, mesmo que isso possa acontecer. No entanto, a lógica de usar a carne do outro para trazer à luz uma dor que não podemos sentir acontece continuamente com cada um de nós, de maneira menos intensa ou contínua do que com aqueles que estruturaram sua personalidade dessa maneira. Dissemos que reificar o outro, independentemente do dano que causamos a ele, é a característica do campo psicopático. Mas não é também uma das forças mais poderosas no campo social atual? Uma sociedade baseada no capital, no consumo maníaco e acelerado, está sendo movida constantemente por forças alienantes, que tratam os seres humanos como objetos. A psicopatia não poderia ser um epifenômeno que traz à luz a dor generalizada, normal, comum e submersa de não ser sujeito? Estaríamos, talvez, observando na clínica e na história graus extremos, destacados e mesmo "sociossintônicos" de um fenômeno normal, difuso, quase constitutivo das nossas organizações sociais? Não poderíamos – pelo menos como provocação – inverter a perspectiva para torná-la mais complexa?

E se os psicopatas fossem aqueles que estão mais adaptados e identificados com as forças sociais atuais e, portanto – paradoxalmente – os menos antissociais de todos? Trata-se, de fato, de provocações que têm a intenção de nunca esquecer como o contexto social também está presente nas histórias individuais e em todas as descrições diagnósticas e psicopatológicas (Gecele, 2013). Na clínica, é importante reconhecer como nosso paciente, e nós mesmos, somos grãos de areia nos quais existe todo o universo (William Blake, *Augúrios de inocência*, 1863) e como o campo social apoia ou dificulta os processos terapêuticos. É também uma perspectiva necessária para não sermos inconscientemente capturados pelo campo social e agirmos sobre forças que, depois, irão cobrar seu preço. É também um apoio ao exercício do *não*, como um ato de romper a confluência com as forças sociais às quais, inevitavelmente, estamos presos.

10.
QUE RELAÇÃO PODEMOS PERCEBER ENTRE EVENTOS DA VIDA E FORMAS PSICOPATOLÓGICAS ESPECÍFICAS?

VIMOS ANTERIORMENTE QUE EXISTE UMA RELAÇÃO ESTREITA ENTRE experiências difíceis de vida e o sofrimento psicopatológico. Também vimos a importância de distinguir entre os funcionamentos neurótico, borderline e psicótico. Vamos tentar usar esses conceitos e representá-los graficamente na **Figura 2**: é fundamental considerar essa figura como um apoio ao raciocínio clínico e não como um mapa que representa territórios clínicos precisos; caso contrário, de outra forma, haveria o risco de assumir uma perspectiva reducionista, causal e mecanicista que não ajuda em nosso trabalho. Se evitarmos esse risco, acredito que essa estrutura sinóptica possa oferecer uma possível rede de interconexões entre eventos e elementos clínicos diversos.

Figura 2 – Relação entre experiências difíceis de vida e o sofrimento psicopatológico. Distinção entre os funcionamentos neurótico, borderline e psicótico.

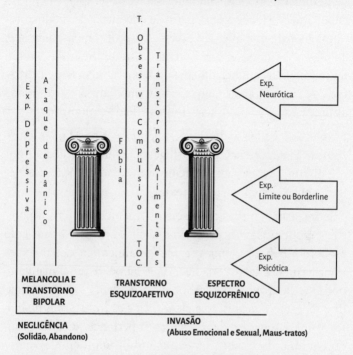

No eixo vertical, temos as experiências psicóticas abaixo, as experiências borderline no meio, as experiências neuróticas acima. Abaixo está a dimensão perceptiva das *Vorgestalten*, no meio das Colunas de Hércules e acima, *Endgestalten*. Movendo-se de baixo para cima, a experiência normalmente neurótica é gradualmente construída: aqui a experiência é caracterizada 1) pela presença de uma fronteira que diferencia o sujeito do objeto (do mundo) e 2) pelo pertencimento ao mundo comum. Esta dimensão da experiência é descritível pela gramática da nossa linguagem. A dimensão inferior, por outro lado, pode ser descrita de maneira poética ou, se a diferenciação ou o pertencimento são impossíveis, com a linguagem da loucura, da alucinação e do delírio. A linguagem do nível borderline é caracterizada pela busca contínua de pertencimento e de diferenciação e, na terapia, é expressa como a necessidade do paciente de encontrar de modo autônomo as palavras que descrevem sua própria experiência e, ao mesmo tempo, ser compreendido em um mundo comum de significados compartilhados. É a busca incessante e arriscada por uma linguagem que, ao mesmo tempo, corresponda às próprias vivências e seja compartilhada com outros.

No eixo da abcissa, horizontalmente, à esquerda, podemos colocar as experiências de negligência (solidão e abandono) e, à direita, as experiências de invasão e confusão (abuso afetivo, abuso sexual, maus-tratos).

Se traçarmos linhas de desenvolvimentos clínicos hipotéticos, podemos colocar as *experiências depressivas* no lado esquerdo da figura, uma vez que, geralmente, existem experiências de negligência na história, e o tipo de funcionamento pode ser neurótico, borderline ou psicótico. No último quadrante, estão *a depressão melancólica e os transtornos bipolares*. Aqui, o tema é o de não se sentir pertencente a um mundo comum, do qual se sente excluído (polo depressivo, no qual o outro é inacessível e muito distante) ou hiperincluído (polo maníaco, no qual o outro é inalcançável porque estaria sempre ali, portanto, ilusoriamente já alcançado). Sempre abaixo, na área psicótica, mas no lado direito da figura, podemos colocar as experiências do *espectro esquizofrênico*: na história relacional, muitas vezes existem experiências de invasão e de indiferenciação e a dificuldade é, em particular, a de constituir uma fronteira distinta entre sujeito e ambiente. Obviamente, não existem experiências graves de abuso e de invasão sem negligência. No meio, podemos colocar experiências psicóticas esquizoafetivas, em que existem tanto sintomas depressivos/maníacos quanto esquizofrênicos, onde, portanto, a constituição de limites e da experiência de fazer parte de um mundo comum são problemáticas. À direita das experiências depressivas, podemos colocar a área do *transtorno do pânico, a área fóbica e obsessiva-compulsiva*. Esses tipos de sofrimento também têm uma raiz experiencial na solidão: no transtorno do pânico, uma solidão não formulada ou negada acerca da necessidade de ser protegido quando exposto ao mundo (Francesetti, 2007); no transtorno obsessivo-compulsivo, uma solidão aterrorizante em um ambiente onde não há refúgio, para poder fugir do terror, a única maneira possível é desabitar o corpo e encontrar refúgio no pensamento (Francesetti, Kerry-Reed, & Vázquez Bandín, 2019). Ainda mais à direita, encontramos os *transtornos alimentares*, nos quais, na história, a retirada da corporeidade vivida geralmente está presente em concomitância com uma experiência relacional de invasões e confusões de fronteiras. A *ansiedade* como sintoma pode ser encontrada em qualquer área da imagem, pois é uma interrupção da excitação no processo de constituição da emoção. As *dependências* são comportamentos que podem ser resultado de várias trajetórias biográficas, mas geralmente podemos colocar as dependências na área de funcionamento borderline. Os *transtornos de personalidade* exigiriam outra dimensão para serem representados, ou podemos conceituá-los como o próprio papel, o fundo em que os transtornos mencionados acima estão localizados. Eles são egossintônicos e, portanto, podem ser experimentados como não perturbadores, podem ter um funcionamento neurótico, borderline ou psicótico (embora, como vimos anteriormente, os transtornos de personalidade com funcionamento borderline tenham "invadido" os outros tipos de sofrimento). Um estilo de personalidade narcisista, por exemplo, pode ter um funcionamento psicótico, borderline ou neurótico e pode apresentar (ou não apresentar) um dos diferentes sofrimentos descritos acima. Sendo a personalidade o resultado da formação recíproca do sujeito em um determinado ambiente, podemos dizer, paradoxalmente, que esses são ajustamentos criativos "bem-sucedidos". De fato, os pacientes não procuram voluntariamente a terapia por causa de um transtorno de personalidade, mas pelo aparecimento de um sintoma ou pelos fracassos das relações que dependem da sua personalidade. Sendo ajustamentos bem-sucedidos, alguns transtornos são especificamente favoritos, incentivados e recompensados em um contexto social específico. Estudar os transtornos de personalidade predominantes em uma sociedade é uma maneira de estudar a própria sociedade e, em particular, as áreas de mal-estar expressas por essa sociedade, com as quais está em confluência e das quais, portanto, é menos consciente.

É importante reafirmar que essa representação não deve ser entendida como um mapa rígido e abrangente, mas como uma das possibilidades formular hipóteses sobre as relações entre funcionamento, transtornos e histórias de vida. A realidade é muito mais complexa e a singularidade de cada história não pode ser reduzida a esse esquema.

11. O SOFRIMENTO É TRANSMITIDO ATRAVÉS DAS GERAÇÕES[15]?

[15] Este parágrafo foi retirado parcialmente do meu capítulo no livro editado por Spagnuolo Lobb, Levi, & Williams (2016), *Gestalt Therapy with Children: From Epistemology to Clinical Practice*. Instituto de Gestalt HCC Italy Publ., Siracusa; consulte esse texto para mais aprofundar-se no tema (Francesetti, 2016b).

ESSA QUESTÃO NOS LEVA A AMPLIAR NOSSO OLHAR PARA ALÉM DA dimensão da biografia do indivíduo. No estudo sobre a gênese do sofrimento humano, as ciências "psi" se concentraram, ao longo da história, em várias hipóteses para explicar a origem do sofrimento, em relação às suas antropologias e epistemologias (Civita, 1999; Pagnini, 2010): ainda hoje encontramos em nosso campo vários modelos que, com o tempo, foram atualizados e estão, talvez cada vez mais, tentando dialogar. Entre estes estão os modelos biológicos, nos quais a gênese do sofrimento residiria na alteração de um funcionamento orgânico, geralmente cerebral[16]. Outros modelos, tomando como ponto de partida a impossibilidade de investigar a "caixa preta" de nosso funcionamento mental, se detiveram no comportamento observável: essa posição era a base, na primeira metade do século XX, do behaviorismo e, mais tarde, de alguns desenvolvimentos cognitivistas. Por outro lado, a psicanálise desenvolveu classicamente um modelo de psicopatologia concebido como o resultado de um conflito interno entre pulsões irreconciliáveis e o meio ambiente. Uma mudança fundamental ocorreu a partir do segundo pós-guerra do século passado, graças à influência

---

16 O precursor dessa posição pode ser considerado o psiquiatra alemão Griesinger, que em meados do século XIX afirmou que doenças mentais eram doenças do cérebro (esse órgão secretaria pensamentos, assim como o fígado secreta bile, suas disfunções, portanto, alteram a mente).

de profundas mudanças sociais e culturais ocorridas particularmente na América do Norte e na Europa Ocidental: na psicoterapia, a relação interpessoal assumiu um papel cada vez mais central, revolucionando, em parte, os modelos do nascimento do sofrimento humano. Os movimentos humanistas e o nascimento da abordagem sistêmica, em particular, desempenharam um papel central nessa renovação. O olhar se expandiu do indivíduo para o meio ambiente e se buscou a origem do mal-estar na rede de relacionamentos que a pessoa tem na sua vida atual ou na sua própria história familiar. A partir da primeira metade do século XX, em um caminho paralelo ao das psicoterapias, a influência da filosofia fenomenológica deu origem à psiquiatria fenomenológica, centralizando a subjetividade e a sua raiz relacional como fundamentos da compreensão do sofrimento e da cura[17] (Borgna, 2006; Stanghellini, Broome, Raballo, Fernandez, Fusar-Poli, & Rosfortet, 2019). A psicanálise também renovou gradualmente suas concepções: na psicanálise contemporânea, o sofrimento tornou-se consequência não mais de um conflito intrapsíquico, mas de um fracasso ambiental, de uma falta ou deturpação no cuidado dos filhos pelos pais (Eagle, 2010).

Podemos diferenciar esses modelos a partir das unidades de observação que eles utilizam: o cérebro, o indivíduo, as relações que o sujeito tem e manteve em sua própria biografia. Cada unidade de observação é legítima, desde que a pessoa que a utiliza esteja ciente das possibilidades e limitações implicadas nisso. Na história da psicoterapia, o olhar foi se ampliando gradativamente e hoje somos filhos de uma concepção que se concentrou, sobretudo, em como os pais influenciam o desenvolvimento dos filhos, usando assim, como unidade de observação vertical, a relação entre duas gerações, a dos pais e a dos filhos e, como unidade de observação horizontal, a famí-

---

[17] Citamos Erwin Straus como um contraponto exemplar ao reducionismo de Griesinger: "É o homem que pensa, não o cérebro" (Straus, 1935).

lia. Historicamente, esse olhar teve o mérito de expandir enormemente as possibilidades de compreender a psicopatologia e de desenvolver mecanismos de tratamento. Por outro lado, ele teve a responsabilidade de acusar pais e genitores de formas que muitas vezes foram prejudiciais, redutoras e danosas. Nesse contexto histórico, a Gestalt-terapia desenvolveu uma teoria radicalmente relacional, concebendo como unidade de observação indivisível o campo organismo/ambiente e uma concepção do *self* irredutível ao indivíduo (Perls, Hefferline, Goodman 1951; Spagnuolo Lobb, 2013c; Francesetti, 2015, 2016a; Robine, 2016), incluindo também a dimensão social como fundo essencial para a compreensão do indivíduo, das famílias, dos grupos, das comunidades. A prática teve aplicações oscilantes – dependendo dos contextos – entre modalidades mais individualistas e modalidades mais relacionais (Vázquez Bandín, 2014; Jacobs, Hycner, 2009).

Na perspectiva gestáltica, o sofrimento nasce das relações atravessadas e emerge na fronteira de contato como um campo fenomênico[18] cocriado (Francesetti, Gecele, Roubal, 2013; Francesetti, 2015; 2019a; 2019b). O processo de ampliar o olhar no campo das ciências "psi" parece continuar: ao longo das décadas, houve alguns autores que ampliaram o olhar para além da geração parental de primeiro grau, oferecendo argumentos teóricos, relatórios clínicos e até pesquisas empíricas convincentes (ver, por exemplo, Ancelin Schützenberger, 1993; Boszormenyi-Nagy & Spark, 1973; Bowen, 1978; Beck, 1987; Carter & McGoldrick, 1998, 2003). Esses autores destacaram que, para compreender o sofrimento do paciente, é necessário ampliar o horizonte, a fim de incluir várias gerações anteriores, e não apenas a primeira. No entanto, essas vozes, embora com autoridade, per-

---

[18] Para uma extensão dos conceitos do campo fenomênico, do campo fenomenológico e da estratégia de intervenção em uma perspectiva de campo, consultar Francesetti (2019b).

maneceram bastante isoladas do mundo da psicoterapia, que continuou a olhar principalmente para o indivíduo e para as relações de primeiro grau. Hoje, no entanto, algumas linhas de pesquisa parecem se agrupar, o que poderia ampliar muito o horizonte de nossa compreensão da psicopatologia. Entre essas, os estudos de epigenética e aqueles sobre a transmissão de trauma parecem particularmente relevantes para mim. Graças à crescente energia endereçada hoje a essas duas áreas de pesquisa, está se abrindo na psicoterapia uma perspectiva transgeracional capaz de influenciar significativamente a prática. De fato, essa perspectiva pode ter um impacto profundo na clínica: ela nos ajuda a compreender como, no decorrer do desenvolvimento, a criança dá forma a um sofrimento proveniente de uma dimensão temporal e espacialmente distante, mas de alguma forma presente em sua vida e que incide em sua saúde. Essa evolução talvez responda também a uma necessidade social atual e profunda de recuperar a consolidação das raízes na memória e na história em um estágio cultural, no qual o tempo foi fragmentado, desenraizado da tradição, centrado no presente e na aceleração (Bauman, 2002; Rosa, 2010).

Por transmissão *transgeracional*, entende-se a passagem de uma geração para outra de pressupostos, vivências, crenças, valores, mitos, proibições, deveres, dívidas e méritos, imposições, segredos, roteiros de vida, lealdade etc., que não vêm explicitados, mas passam de maneira não verbalizada e muitas vezes não verbalizável. Eles são transmitidos aos descendentes sem serem ditos, pensados e sem poderem ser metabolizados. Existe também uma transmissão familiar explícita, composta por narrativas ou exigências verbais (por exemplo, "você terá que ser advogado" ou "em nossa família, temos um bom ouvido musical"), que passa pelo dito e pelo dizível. Essa pode ser chamada de transmissão *intergeracio-*

nal[19] (Ancelin Schützenberger, 1993). Ela pode ser mais facilmente reconhecida e criticada pelos descendentes, portanto, é mais possível distanciar-se e diferenciar-se dela. Esse tipo de transmissão tem sido usado como uma hipótese desde a época de Freud (1913), mas muitas vezes permanece uma hipótese heurística para fundamentar a teoria e não um elemento que influencia a prática clínica.

Nas últimas décadas, o interesse pelo trauma, tanto pelos seus efeitos naqueles que sofrem como nas gerações subsequentes, tem crescido progressivamente (Mucci, 2013), inclusive no âmbito da Gestalt-terapia (Taylor, 2014). Os efeitos psicológicos das experiências traumáticas são, principalmente, a hiperexcitação e a dissociação. Ambos ativam, sobretudo, o hemisfério direito, lugar da memória implícita (Hugdahl, 1995) e autobiográfica (Markowitsch, Reinkemeier, Kessler, Koyuncu, & Heiss, 2000), deixando traços profundos e pré-verbais na própria história e na definição de *self* (Schiffer, Teicher, & Papanicolau, 1995; Taylor, 2014). Vamos nos debruçar, em particular, sobre a dissociação que representa a resposta inevitável e radical ao trauma: esse ajustamento criativo intervém como proteção durante o trauma, isolando a experiência que não pode ser assimilada e integrada. É "a fuga quando não existe rota de fuga" (Putnam, 1992, citado por Lingiardi, 2014) e, do ponto de vista neurológico, pode ser definida como "uma interrupção da integração das funções superiores da consciência – consciência, identidade, memória, percepção do ambiente circundante" (Liotti, 2005, citado por Lingiardi, 2014). Do ponto de vista gestáltico, a dissociação pode ser descrita como uma experiência que não pode ser acessada nem assimilada, rigidamente congelada no fundo, envolvida e protegida por uma anestesia. Essa experiência permanece separada e não pode contribuir para o nascimento de qualquer figura. Por outro lado, como visto anteriormente,

---

19 Essa distinção entre transgeracional e intergeracional nem sempre é mantida na literatura sobre o assunto.

caso ela se torne figura, ao não estar integrada nem sustentada pelo fundo, torna-se insuportável e a pessoa perde contato com o aqui e agora e é absorvida pelas experiências traumáticas que emergem como atuais. A dissociação é um ajustamento criativo quando não há apoio relacional para assimilar a experiência. Essa observação permite destacar um aspecto crucial na definição do trauma: ele é constituído não apenas pelo evento, mas também pela falta de apoio relacional necessário para atravessá-lo e assimilá-lo (Stolorow, 2007). Como dissemos acima, *experienciar* significa etimologicamente atravessar (do Latim *experiri*, ir além dos limites), portanto, podemos dizer que o trauma não é, na verdade, uma experiência completa, pois não é atravessada por falta de apoio. De fato, o *trauma* etimologicamente vem de *tarami*, ser trespassado, ser atravessado: a falta de apoio relacional significa que, em vez de passar por uma experiência, somos aprisionados por ela. Revela-se, assim, um ingrediente do trauma que muitas vezes não é suficientemente destacado: a solidão. Trata-se da falta do outro que, ao ressonar, permite dar forma às vivências, criar um lar relacional para o indescritível, indizível, inexprimível e avassalador. Em um campo que carrega um trauma, há essa qualidade de solidão, que é tolerada pela dissociação: uma anestesia protetora, um buraco na trama narrativa; um vazio experiencial, ali onde existe um vazio relacional. Existem, portanto, muitas evidências que mostram como os traumas são transmitidos de uma geração para a outra, por várias gerações (Mucci, 2013; Liotti, 2005), mas como ocorre essa transmissão?

11.1 UMA TRANSMISSÃO RELACIONAL

Schore (2010), retomando a pesquisa neurocientífica e no campo da pesquisa infantil, coletou muitas evidências de que traumas não resolvidos no cuidador causam alterações no humor, no controle do estresse e na função reguladora da relação com a criança, alterações e perturbações que por sua vez, formam uma marca nas funções reguladoras do cérebro da criança em desenvolvimento. Estudos sobre a transmissão de modalidades de apego também mostraram como as formas de "ser/estar-com" são transmitidas de pais para filhos (Liotti, 2005; Mucci, 2013; Taylor, 2014). Essas passagens parecem ter como denominador comum a dificuldade ou a incapacidade dos pais de se sintonizar à criança quando no contato entram em jogo as experiências dissociadas (Lyons-Ruth e Block, 1996). *As experiências dissociadas foram um vazio relacional que hoje se apresenta como um vazio sensorial e, através dessa anestesia no contato, tornam a ser um vazio relacional transmitido para a próxima geração.* Uma característica destacada por todos aqueles que estudaram o trauma intergeracional diz respeito ao quão traumático é o silêncio: *quanto maior a presença do silêncio, mais forte é o impacto do trauma na transmissão familiar e social.* O silêncio e a anestesia parecem ser o que causará a transferência de material de uma geração para outra, os efeitos claramente destacados na segunda e, mais ainda, na terceira geração (Bar-On, 1995; Danieli, 1993). Esse silêncio produz um fluxo subterrâneo "de afetos inconscientes e memórias suprimidas transferidas para a geração seguinte, até mesmo na forma de sonhos, bem como por temas comuns a famílias inteiras" (Mucci, 2013). A denúncia e a narrativa respondem a um profundo impulso naqueles que sobrevivem a um trauma social massivo: "Os sobreviventes entendem que *aqueles que esquecem o passado traumático estão condenados a repeti-lo.* Por essa razão, a denúncia pública da verdade é o denominador comum de todas as ações sociais" (Herman, 1992). A mentira e o esquecimento que anestesiam a dor são graves violências individuais e sociais, e também representam um risco na terapia quando o terapeuta invalida a experiência traumática, por exemplo, diminuindo-a ou negando-a. A transferência relacional do trauma de uma geração para outra parece basear-se na falha em elaborar o trauma por parte aqueles que o sofreram: isso implica uma dissociação, isto é, a memória viva e inacessível de um evento não assimilado ou assimilável, que influencia as modalidades comunicativas, relacionais, de contato, de maneira inconsciente, transferindo o fantasma para os filhos, os filhos dos filhos e assim por diante.

11.2. UMA TRANSMISSÃO EPIGENÉTICA

Outra linha de pesquisa emergente e de grande interesse diz respeito à transmissão epigenética (Bottaccioli, 2014; Hochberg, Feil, Constancia *et al.*, 2011; Spector, 2012). Esses estudos desmontaram um dogma da biologia molecular, segundo o qual o DNA seria uma "invariante fundamental" (Monod, 1970). O termo *epigenética* significa etimologicamente "acima dos genes" e refere-se ao fato de que o DNA é marcado por moléculas que se ligam a ele para modular suas funções, incluindo a expressão dos genes. Essa é uma função muito importante, porque um organismo é caracterizado não tanto pelos genes que possui, quanto pelos que usa. O DNA representa, então, uma potencialidade que pode ser expressa ou não de acordo com a assinatura epigenética. Os três pontos cruciais desses estudos são: em primeiro lugar, as assinaturas epigenéticas são influenciadas pelo ambiente; em segundo lugar, são transmissíveis às gerações seguintes; em terceiro, são reversíveis. Isso significa que as experiências podem modificar o DNA e que essas modificações são passadas aos filhos. É uma vingança póstuma de Lamarck que, com sua teoria da "hereditariedade dos caracteres adquiridos", havia levantado a hipótese desse mecanismo. Algumas pesquisas (McGowan, Meaney, & Szyf, 2008) mostraram que filhotes de ratos criados por mães pouco afetuosas modificam epigeneticamente seu DNA, alterando permanentemente a resposta ao estresse e transmitindo esse marcador à prole, e isso pode ser mantido por pelo menos cinco gerações. Um estudo recente mostrou como os efeitos dos traumas foram transmitidos epigeneticamente aos filhos de sobreviventes do Holocausto (Yehuda, Daskalakis, Bierer, Bader, Klengel, Holsboer, & Binder, 2015). As experiências traumáticas de avós e de antepassados são transmitidas, portanto, por via biológica e não apenas através do contato relacional. Mas o dado mais relevante para a psicoterapia e para a clínica (Hofer, 2014) é que os marcadores são reversíveis e modificáveis pela experiência: eles podem modificar o marcador no DNA. Isso evidencia que a experiência em terapia pode interromper a transmissão biológica transgeracional dos efeitos dos traumas vividos pelas gerações anteriores. Como aponta Spector (2012), a lição mais importante que aprendemos dos estudos epigenéticos é a de que podemos mudar nossos genes, nosso destino biológico e o de nossos filhos e netos. Sob essa ótica, a psicoterapia se revela, ou se confirma, como uma das forças de mudança individual e social com efeitos nas gerações vindouras.

Para concluir, portanto, podemos dizer que o sofrimento é transmitido entre gerações: o que é carregado passa de uma geração para outra até que, ao vir à luz, é transformado. Aquilo que não é apresentado e transformado é transmitido. O trabalho da psicoterapia encontra aqui um horizonte de sentido mais amplo para aliviar o sofrimento do indivíduo: sob essa ótica, torna-se um trabalho de recuperação do tecido existencial do mundo, que transcende o paciente e o terapeuta, que transforma um material desgastado que passa além do arco temporal de suas vidas e que projeta seus efeitos de maneira imprevisível também nas gerações futuras.

12.
COMO SE ENCONTRA O SOFRIMENTO NA SESSÃO DE PSICOTERAPIA?

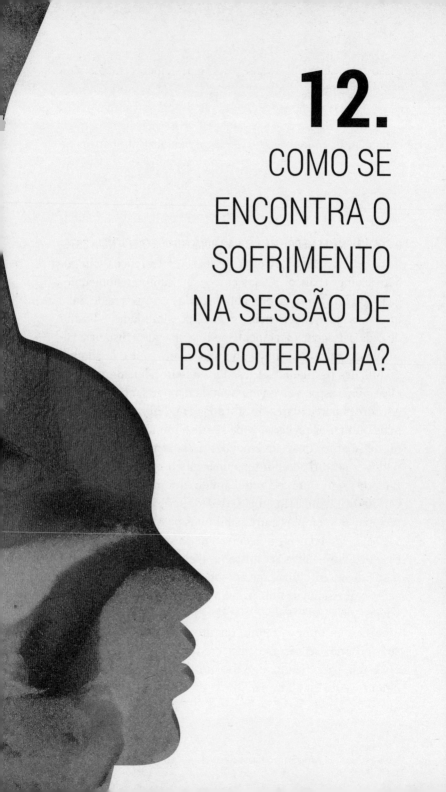

O SOFRIMENTO EMERGE NA SESSÃO COMO UMA EXPERIÊNCIA ESTÉ-tica e *pática*: é algo que o terapeuta sente (estético) sem poder escolher (pático). O que emerge é o campo fenomenológico: um horizonte de probabilidade de eventos que desenha uma paisagem experiencial, com as possibilidades e limites de cada paisagem. O terapeuta pode sentir que a distância entre ele e o paciente é muita ou muito pouca, que o ar adquire qualidades particulares (pesado, rarefeito, denso, pegajoso etc.), que o espaço ou o tempo mudam, pode sentir sensações corpóreas particulares, localizadas em determinadas áreas mais ou menos precisas, pode sentir o impulso de se afastar ou de se aproximar, ou emoções de atração ou de repulsa, pode ser perturbado por uma imagem ou por uma memória. Ele pode sentir um medo indefinido, um impulso para brincar ou, pelo contrário, uma seriedade severa e austera. Esses são apenas exemplos entre as infinitas possibilidades de sensações e de vivências que emergem na sessão. Obviamente, essa não é uma área em que o terapeuta faça escolhas sobre o que deve sentir, mas apenas sobre estar aberto a sentir: ele sente o que sente de uma maneira pática, ou seja, sofrida. É o *pathos* que surge (Waldenfels, 2011) e que muitas vezes bate à porta como um estranho: quanto mais o terapeuta sente suas próprias sensações como fora de lugar, é mais provável ele esteja percebendo algo que no campo fenomenológico empurra para vir à luz, para poder encontrar uma forma e ser transformado. Esse estranho precioso está mais fora de lugar quanto mais ele não encontrou um lugar relacional na história do paciente: é o *atopon* (do grego *a-topos*, fora de lugar) que aparece à margem do conhecido, do formulado, é o começo de algo desconhecido (porque não está formulado) que desde sempre foi conhecido (porque ele carrega consigo). É o estranho – *Unheimliche* –, o hóspede perturbador de que Freud falou: algo que parece familiar e estrangeiro ao mesmo tempo, animado e inanimado, que gera um sentimento de estranheza, de inquietação, de expectativa. Mas aqui não é entendido como algo suprimido, já formado, que é mantido oculto e que deve ser revelado com a interpretação. Pelo contrário, é uma potencialidade que se impulsiona para vir à tona e o modo como tomará forma é cocriado também pelo terapeuta e pela singularidade da situação. É uma potencialidade, não uma forma já completada: como a física quântica indica, no surgimento contínuo da matéria a partir das funções de ondas, apenas uma entre as infinitas possibilidades toma forma e precipita no aqui e agora (O'Neill, 2008). Nesse caso, a forma relacional assume uma forma única e inédita, a partir da intencionalidade de contato da situação terapêutica específica: a intencionalidade é precisamente a *tensão intrínseca* na situação presente. Há um impulso que tende a dar forma no contato ao não-formulado (Stern, 1997), ainda não existe uma forma final a ser revelada. Ela será fruto único e irrepetível da arte do encontro. O terapeuta usa seu próprio sentir para acolher tudo que emerge no campo fenomenológico através de uma série de etapas que requerem habilidades específicas: predispor-se a sentir o que emerge; possuir uma sensibilidade estética para acolhê-lo (ter os sentidos despertos); tolerar o deslocamento do *atopon* e a incerteza que dele deriva, porque não sabe aonde pode levar aquilo que está acontecendo; não atribuir precocemente a si mesmo ou ao paciente aquilo que é percebido; não se identificar com o que surge, mas recebê-lo com curiosidade; esperar que algo apareça ao redor ou após a primeira sensação, para que, a partir desse fundo, possa surgir um sentido para a primeira figura; avaliar como usar o que surgiu através da sabedoria da situação específica[20] (frônese – sabedoria prática) (Francesetti, 2019b). O que surge é o modo pelo qual os temas relacionais do paciente e do terapeuta tomam forma e o fato de senti-los é o primeiro passo para acolhê-los. Mas também é necessário que o terapeuta perceba que os está experienciando de uma maneira que não circulem inconscientemente, com risco de retraumatizar o paciente.

---

[20] Para um estudo aprofundado das habilidades do trabalho terapêutico em uma perspectiva de campo, ver Francesetti, 2019b; Francesetti & Roubal, 2020.

13.
O QUE ACONTECE COM O SOFRIMENTO NA SESSÃO DE PSICOTERAPIA?

O SOFRIMENTO EMERGE EM MODO FENOMÊNICO, O TERAPEUTA O SENte através de seu próprio corpo, o toma para si: nesse sentido, empresta sua própria carne ao impulso do campo para que o sofrimento possa vir à luz (Marion, 2003). Dessa maneira, contribui para que nasça o que no campo é empurrado para existir. Mas recebê-lo e trazê-lo à tona, fazendo circular os temas que surgem, ainda não é terapia. É o primeiro passo: o que emerge tende a encontrar uma forma para ser conhecido, vivido em um contato e, então, assimilado. É "tender em direção a", significa que é intencional: esta é a intencionalidade do contato em jogo, a força intrínseca que constitui o campo como horizonte dos acontecimentos. O terapeuta agora utiliza outras habilidades estéticas: a primeira é ser sensível e estar aberto a acolher o que surge; a segunda é modular sua própria presença, seguindo o critério estético intrínseco ao processo de contato (Bloom, 2003; Francesetti, 2012). Ele sente o jogo da presença e da ausência e trabalha para estar plenamente presente e existente na situação terapêutica. É uma presença que se modula de maneira fina e contínua, hesitando, buscando, colocando em jogo, apoiando um processo de incerteza que requer paciência, atenção e capacidade de apreender a força, a direção, a graça, a intensidade, a boa forma de tudo o que surgir. A tarefa do terapeuta é estar presente na ausência que se apresenta e, dessa maneira, a ausência não está mais ausente: finalmente a experiência não formulada (Stern, 1997), o hóspede perturbador e inquieto trazido pelo paciente (o sofrimento) pode existir, assumir uma forma e tornar-se presente. Esse processo de presença na ausência é acompanhado por um profundo envolvimento do terapeuta e pelo surgimento de uma atmosfera particular no encontro, que se experimenta como beleza. Aqui, a ausência se torna presente como dor que emerge junto a um sentimento de beleza espalhado no espaço, uma atmosfera particular que sinaliza a transformação da ausência em presença, da dor silenciosa em beleza viva (Francesetti, 2012).

Nesse ponto já deve estar claro que o paradigma por mim escrito está longe do modelo no qual o terapeuta é um especialista que atua sobre o funcionamento do paciente para modificá-lo e fazê-lo se sentir melhor (paradigma médico ou monopessoal). Mas também não é o paradigma de cocriação, no qual terapeuta e paciente interagem e juntos produzem a mudança (paradigma de cocriação ou bipessoal). Proponho aqui um cenário diferente, que chamo de *paradigma de campo*, a fundamentação de uma prática clínica baseada na teoria do campo: o terapeuta está à disposição das forças transformadoras do campo, que transcendem tanto a ele quanto ao paciente (Roubal, Francesetti, 2020; Francesetti & Roubal, 2020). Sua intervenção consiste em ser sensível a tudo que o move, em apreender seus próprios modos de estar ausente na situação e modular sua própria presença para aumentá-la: ele é quem traz à luz (maiêutica), não ao paciente, mas ao que está em gestação no campo, ele é a carne através da qual a ausência toma forma e se torna presença. A ausência é uma forma de trazer a dor que não pode ser formulada, é, portanto, o sofrimento. No momento em que o terapeuta está presente na ausência, ela já não é mais ausência, a dor se desdobra, ganha vida nova na carne de ambos, ambos se tornam mais vivos. A carne mortificada renasce. A carne silenciosa volta a cantar. Estamos testemunhando um incremento do ser, diria Simone Weil (1952). E a teoria paradoxal da mudança não é mais paradoxal.

14.
QUE RELAÇÃO EXISTE ENTRE A PSICOPATOLOGIA E A SOCIEDADE?

PARA A GESTALT-TERAPIA, PESSOAL É APENAS OUTRA MANEIRA DE dizer social (Bloom, 2016; Robine, 2015; Salonia, 2013): a pessoa é fruto do campo social no qual se forma e, ao mesmo tempo, é irredutível apenas a isso. Essas premissas destacam imediatamente que, entre a dimensão social e a dimensão individual, existe uma interdependência forte e complexa, que não pode ser reduzida a uma relação de causa-efeito. Podemos dizer que todo contexto social produz formas típicas de sofrimento, favorecendo-as ou provocando-as (etiopatogenia do sofrimento) ou influenciando sua forma (patoplastia). Um contexto, por exemplo, que recompensa a independência autossuficiente e desvaloriza a necessidade do apoio do outro produzirá facilmente transtornos de pânico e tipos de personalidade narcisistas; um contexto em que as conexões afetivas e corporais são empobrecidas e os contatos interpessoais são acelerados, provavelmente produzirá um aumento nas experiências depressivas; um contexto social com limites incertos, caóticos e facilmente invasivos favorecerá experiências borderline. Um contexto social extremamente inseguro e perigoso tenderá a produzir respostas paranoicas e obsessivas. Portanto, contextos sociais e culturais produzem certos sofrimentos: por exemplo, segundo a OMS, a depressão está alcançando o segundo lugar no mundo como causa de custos médicos e sociais e, em 2030, estará em primeiro lugar (antes de doenças cardiovasculares, das infecções e dos tumores) e isso nos faz perguntar quais são as características de nosso campo social que causam esse aumento epidemiológico. Mas é preciso observar outros aspectos que deixam o quadro mais complexo, como o efeito patoplástico. Por exemplo, em nossa cultura, a depressão é bastante reconhecida e "está na moda", portanto, diferentes doenças que buscam uma maneira de se expressar podem assumir essa forma, pois é falada e reconhecida pela sociedade atual. Outro aspecto é o empurrão para o patológico daquilo que, na realidade, é fisiológico: em uma sociedade acelerada (Rosa, 2010) toda necessidade de pausa torna-se deslegitimada e, portanto, empurrada para o patológico. A necessidade de descanso (dormimos em média meia hora a menos do que dormíamos há 30 anos e duas horas a menos do que no início dos anos 1900), o tempo para a assimilação de experiências, necessário para elaborar separações e luto, não são sustentados em nosso contexto e, portanto, muitas vezes são lidos como depressões, enquanto, na verdade, são apenas a necessidade de pausa e de tempo para elaboração. Por fim, existem pressões econômicas que têm interesse em cultivar certo tipo de forma patológica, dentre elas os interesses das indústrias farmacêuticas que, como qualquer indústria, promovem seus produtos e induzem para que eles sejam necessários. Em particular, os transtornos de personalidade são os mais sensíveis às mudanças sociais: aqui são destacadas de modo acentuado as características normais de uma determinada época. Sendo normais, ou seja, estatisticamente majoritárias, essas características ficam invisíveis, a não ser nas personalidades que as expressam de maneira particularmente intensa ou em uma época posterior, quando a desidentificação da época transforma em peculiar o que era normal naquele contexto.

Nesse momento, estou especialmente interessado em destacar o nível de complexidade da relação entre sofrimento psicopatológico e sociedade. Mas essa relação também nos leva a uma visão inversa: se a psicopatologia muda com o tempo e, portanto, também os pacientes e seus problemas se modificam, os modelos e formas de terapia também devem mudar (Salonia, 2013). Podemos usar hoje a mesma forma de trabalhar que Perls usou na costa da Califórnia na década de 1960, com pacientes da boa burguesia e da vanguarda cultural, frequentemente veteranos de anos de psicanálise? O fundo, os problemas, as intencionalidades são muito diferentes hoje: podemos partir dessa teoria e renová-la à luz do nosso tempo, mas não faz sentido reproduzir os comportamentos que na época eram terapêuticos e que eram uma expressão daquele contexto. As contribuições nessa direção são muitas e as deixamos ao leitor (Salonia, 2007; 2013; Vázquez Bandín, 2008; Spagnuolo Lobb, 2013b; Robine, 2015; Bloom & O'Neill, 2014; Staemmler, 2009).

A relação entre psicopatologia e sociedade tem uma relevância particular para o tema da agressividade. A Gestalt-terapia nasce e diverge da psicanálise a partir da valorização da agressão dental infantil: na criança, o momento da dentição marca o desenvolvimento da capacidade de atacar o mundo para desconstruí-lo e torná-lo assimilável (Perls, 1942). Essa primeira observação permite que Perls mude a concepção freudiana de agressão destrutiva em favor de uma concepção na qual o *ad-graedior*, etimologicamente *mover-se contra*, torna-se uma função humana fisiológica e positiva para alcançar o meio ambiente. Nesse movimento, existe a capacidade de desestruturar e de deixar-se desestruturar, para poder encontrar a novidade que toda situação de vida apresenta e poder assimilá-la. É, portanto, uma função indispensável para o crescimento. O valor da agressividade, da sua exploração e expressão, em vez de inibição ou sublimação, torna-se um elemento central da abordagem gestáltica. Nessa perspectiva teórica, a função de agressividade não pode ser abstraída da situação específica, na qual realiza a tarefa de apoiar o encontro com o ambiente, o movimento em direção ao outro. Ela é funcional precisamente porque é esse movimento que emerge da situação e que muda ao mudar a própria situação. Na Califórnia da década de 1960 de Fritz Perls, apoiar o *ad-graedior* significava apoiar as forças de diferenciação de um contexto social limitante e organizado, mas também aberto à mudança, rumo a um novo horizonte, que era promissor. Naquele momento, fazia sentido apoiar os impulsos "para a frente" e "contra", apoiar o conflito, a ruptura – mesmo que raivosa – da confluência de um contexto aprisionador. A Gestalt-terapia nascia em conjunto, e se desenvolvia, com os movimentos americanos de emancipação das minorias, na tentativa de agredir o *status quo* para dar voz àqueles que não tinham voz. Hoje, em um contexto muito diferente, apoiar o *ad-graedior* quase nunca coincide com o apoio à raiva, ao conflito e à busca por diferenciação. O nosso é um tempo em que não há um fundo relacional estável do qual se diferenciar, um fundo constituído, com limites claros e duradouros ao longo do tempo (Salonia, 2013). O nosso é, em vez disso, um tempo líquido, borderline, bipolar. Empurrar a raiva para um tempo borderline significa simplesmente empurrar para o *acting out* (atuar), com todos os riscos de violência e de loucura que isso implica. Ou produzir um breve surto maníaco que não muda nada e não deixa vestígios, porque não tem memória relacional. Em um tempo em que o movimento acelerado, a raiva e a violência já são pouco contidas e explosivas, e a *polis* é invadida por gritos e slogans vulgares, destrutivos e desrespeitosos, o movimento em direção ao *next* (seguinte, próximo) não é impulsionar mais para avançar "contra". Hoje, a necessidade generalizada é a recuperação ou a criação de um terreno relacional comum que se sustente e se apoie. O *next* é a ligação e a terapia, uma clínica do vínculo (Benasayag e Schmit, 2006). O *ad-graedior* não é hoje a raiva, mas a ternura e a gentileza (Borgna, 2017) que acolhe, possui, faz ligação e tece a memória. A gentileza é um instrumento terapêutico específico e, paradoxalmente, o movimento agressivo mais revolucionário em um tempo de normalizada violência social (Francesetti, 2020).

O olhar necessário para estar ciente das relações entre sofrimento, terapia e sociedade, como nos ensina Laura Perls, é estarmos suficientemente envolvidos no social para poder entender as mudanças que estão em andamento. É uma posição em que somos parte do que está acontecendo e somos capazes de nos diferenciar o suficiente para poder compreendê-lo. A psicoterapia é constitutivamente um trabalho político que se explicita tanto dentro quanto fora da sala de terapia e que se nutre por estar enraizada, presente e engajada no mundo (Robine, 2015; Bloom, 2003; Parlett, 2015; Melnick & Nevis, 2009; Klaren, Levi, & Vidakovic, 2013).

15.
E, ENTÃO, COMO FUNCIONA A PSICOTERAPIA?

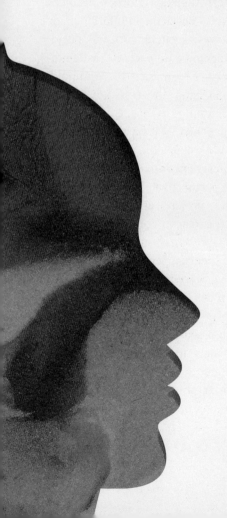

A PARTIR DESSA PERSPECTIVA PSICOPATOLÓGICA, COMO FUNCIONA a psicoterapia? O que especificamente deve acontecer para que a mudança possa acontecer? Além dos fatores específicos da técnica terapêutica, a pesquisa destacou a importância de fatores não específicos, de fatores extraterapêuticos, relacionados à personalidade do terapeuta e do paciente, às condições da situação clínica e social (Norcross, 2011; Wampold, 2001; Weiss, 1993; The Boston Change Process Study Group, 2010). A resposta a essa pergunta, portanto, é complexa e qualquer redução parece ser ingênua. Mas há algo específico que a teoria de campo aplicada à psicopatologia e à psicoterapia possa acrescentar às hipóteses encontradas na literatura? A proposta que emerge dessa perspectiva é que a terapia não é apenas um processo em que o paciente aprende ou em que apenas ele muda. Obviamente, isso acontece: a situação clínica também é um processo de aprendizagem, que ajuda o paciente a mudar suas próprias crenças, percepções e comportamentos. Ele pode aprender a perceber o ambiente de uma maneira mais real, indo além das limitações aprendidas em sua vida e mudando as próprias "crenças patogênicas". Ele pode aprender a regular melhor seus estados afetivos e emocionais. Pode ter uma experiência de algum modo corretiva, tanto cognitiva, perceptiva, quanto emocional e afetiva. Ele pode experimentar um lugar seguro para aprender a diminuir o nível de excitação, de tensão, de alarme e de estresse.

Pode aumentar a consciência sobre suas próprias maneiras de reagir e agir, expandindo sua capacidade reflexiva, de mentalização e de escolha a respeito daquilo que lhe acontece. Ele pode reviver seu próprio corpo através de exercícios ou experiências corporais, restaurar a vitalidade dos músculos, a energia de seus órgãos. Na terapia, ele pode ter experiências criativas e descobrir horizontes de possibilidades nunca imaginados. Ele pode ampliar seus horizontes de compreensão, criando uma história de sentido que inclua sua própria biografia, a de sua família e da sociedade em que vive. Cada uma dessas perspectivas assinala um aspecto de como a terapia pode agir para ajudar o paciente a mudar.

Aqui, adicionamos um que pode ser destacado pela teoria de campos, conforme apresentado neste texto. Aqui, a mudança não é pretendida como resultado de uma intervenção que o terapeuta opera no paciente (modelo monopessoal), nem de uma cocriação colaborativa entre paciente e terapeuta (modelo relacional). Nessa perspectiva, a mudança é resultado da capacidade do terapeuta de acolher, de apoiar e de sustentar as forças intencionais já em ação na situação (Roubal, Francesetti, 2020, no prelo; Francesetti, Roubal, 2020, no prelo). Durante a sessão, paciente e terapeuta deixam vir à luz impressões sensoriais, das protoexperiências não formuladas, que pressionam para encontrar forma, para serem atravessadas e, portanto, assimiladas. Somente quando uma experiência é assimilada é possível distanciar-se dela, torná-la passado e não mais geradora de sintomas. O processo não diz respeito apenas ao paciente: o terapeuta não tem uma função "enzimática"[21], ou seja, ele não intervém no contato para depois voltar a ser o mesmo de antes. Inevitavelmente, ele próprio é transformado nesse processo. Aqui, a mudança acontece se o terapeuta empresta sua pró-

---

[21] Uma enzima é uma molécula capaz de facilitar uma reação química, retomando sua forma após a reação ter ocorrido.

pria carne para que um processo transformador aconteça. Não é apenas uma aprendizagem na qual o paciente muda pensamentos, convicções, emoções e percepções. É uma mudança da estrutura da experiência que só pode acontecer no contato criado pelas forças intencionais em jogo e que muda qualquer um que esteja presente. Nessa perspectiva, o paciente não supera a depressão porque o terapeuta faz mudar alguma coisa *nele*, mas porque a presença do terapeuta na dimensão do indiferenciado permite que as forças intencionais, que já tendem à transformação, operem. Essas forças tendem a tomar forma, trazendo à luz as protoexperiências relevantes na situação. Não é o paciente que precisa fechar os *unfinished business* (negócios inacabados), é o negócio inacabado que se atualiza de uma maneira única na situação presente e busca o fechamento, pressionando para emergir através da carne de ambos. Na sessão, o negócio inacabado não está *dentro* do paciente: ele assume uma forma sem precedentes com a participação do terapeuta e é atualizado no aqui e agora. Em uma depressão, por exemplo, atualiza-se a intangibilidade do outro, de maneira que o paciente e o terapeuta se sintam concretos no seu encontro e não encontro. Essa atualização é única e já contém o impulso intencional para ser superada. A mudança ocorre quando o terapeuta deixa aflorar esse campo fenomênico e permite que atuem, através de si, as forças que tendem a estar presentes no contato e transformar o campo. Às vezes, isso significa para o terapeuta sentir desamparo e desespero no mesmo grau que o paciente. A mudança ocorre quando o paciente e o terapeuta estão juntos no mesmo espaço-tempo, atualizado pela intencionalidade: lá o terapeuta está presente no ponto em que o outro estava ausente e essa presença no lugar da ausência permite que as memórias sensoriais se tornem experiência: afeto, emoção, memória, percepção, pensamento. Paciente e terapeuta emergem neste não-formulado, tornando-se *este* paciente e *este* terapeuta, aqui e agora, e o não-formulado toma forma, pode se tornar memória acessível e, depois, história. O contato é o lugar em que ocorre a possível precipitação esperada, em que a onda se precipita em uma partícula. Aqui o chumbo se transforma em ouro. Por existir plenamente no presente, pode se tornar passado. Torna-se o *self* do paciente e o *self* do terapeuta. A aprendizagem do paciente é a consequência da assimilação desse contato. A terapia, portanto, tem não apenas o efeito de mudar o paciente, mas também de mudar o tecido do mundo que o paciente e o terapeuta carregam. O sofrimento do paciente é exatamente esse: trazer um pedaço de mundo ferido em busca de outra carne que possa fazê-lo existir, consertá-lo e transformá-lo. Somos tão sensíveis a esse evento de transformação que, toda vez que acontece, somos capturados e encantados por sua beleza.

16. ENFIM, QUAL EFEITO PODE TER A PERSPECTIVA FENOMENOLÓGICO-GESTÁLTICA NA PRÁTICA CLÍNICA?

PARA ILUSTRAR O EFEITO DA PERSPECTIVA TEÓRICA NA PRÁTICA CLÍ-nica apresentada anteriormente, relato o resumo de uma sessão realizada em um seminário teórico-experimental. O texto não está comentado vinculando explicitamente as intervenções à teoria que apresentei acima, mas espero que o leitor possa notar como o trabalho clínico está apoiado por uma perspectiva psicopatológica de campo e como se baseia na modulação da presença do terapeuta e não na tentativa de modificar a experiência do paciente. O objetivo é descrever, tanto quanto possível, as etapas da sessão e as experiências do terapeuta, na esperança de que possa ilustrar, em particular, a maneira pela qual o sofrimento emerge na sessão (portanto, os conceitos de pático, atmosférico, ressonância, diagnóstico intrínseco) e a modulação da presença do terapeuta que empresta sua própria carne para apoiar os processos transformadores envolvidos.

No grupo, Anna pediu para participar do trabalho. Desde a manhã, eu a vi tocada e comovida por algo que surgiu das trajetórias teóricas de ansiedade e pânico que colocamos no campo. Após o intervalo para o almoço, o grupo prefere ficar em segundo plano por um tempo, não é o momento para teoria ou trabalho em pequenos grupos. Anna propõe um trabalho pessoal, me parece um bom momento, há apoio do grupo. Como venho fazendo há alguns anos, peço para Anna escolher um lugar onde queira ficar em relação a mim e, aos membros do grupo, que se posicionem livremente na sala à distância que sentem ser adequada para assistirem ao trabalho. Isso me faz sentir mais a presença do grupo e, para mim, parece que as pessoas se distribuem ao longo das linhas invisíveis de força do campo, como limalhas de ferro no papelão sob o qual está um ímã. Começamos. Anna se senta em frente a mim. O grupo se posiciona na sala. Me ajusto na cadeira, respiro, procuro uma posição equidistante entre mim e o ambiente (não sei como dizer isso melhor), de um modo que nada seja já figura. Preparo-me para o que quer que possa sentir, aqui, na frente dela, preparo-me para o difícil momento em que não sentirei nada e terei que me lembrar de esperar; e para aquele momento em que sentirei algo que preferiria não sentir, e terei que lembrar de que nada de errado está acontecendo e estar atento para não descartar essa possibilidade. Meu corpo está lá, espera, não dá forma a nada, nem direção. Nós olhamos um para o outro, Anna e eu, os seus olhos azuis não resistem aos meus, eles se desviam, ela sorri, ela dobra o torso um pouco para frente, colocando as mãos na cadeira. Parece que sua mandíbula treme levemente. Algo está se movendo, não sei o quê, oscilo entre não sentir nada, com um pouco de horror, parece um pouco demais para mim, e sentir que algo me leva, mas não sei o quê.

Algo está comprimindo no ar.

A espera – provavelmente de alguns segundos – antes que Anna comece a falar é carregada por uma pressão inesperada, como se de repente tivéssemos caído em um líquido espesso, um oceano de metros cúbicos nos pressionando, sinto isso sobre meu peito, principalmente. A visão não é clara, não tento me mexer, mas sei que, se tentasse, os movimentos seriam mais lentos devido à viscosidade do meio. Não tem forma e não quero ficar ali nem mais um momento. Por sorte, Anna começa a falar, o que me dá alívio, o líquido se dissolve, o ar volta. "Estou com dor de estômago desde esta manhã e receio que alguém morra, meu marido, eu ou meu filho". Agora estremeço, o peso no meu peito se transforma em peso na boca do estômago, sinto uma forte vontade de me afastar, não quero mais estar aqui, gostaria de fugir. Parece-me extremamente inapropriado, até covarde. Não entendo esse impulso para ir embora e deixá-la sozinha.

Anna diz que tem uma vida feliz, ama e é amada, tem alegria em seu trabalho. Mas sente-se profundamente perturbada por esse forte medo de que algo aconteça, de que alguém morra e de que tudo se perca. Às vezes, o ataque se converte em forte ansiedade, insônia. Sem motivo, diz. Durante o seminário, seu medo se tornou intenso, a ponto de querer fugir e voltar para casa para se juntar ao marido e ao filho. Nossa conversa lentamente se torna fluida, não quero mais fugir e ela também não. É fácil falar com ela, prazeroso, leve. Estou bem, mas a marca, o medo, o peso anterior, de alguma forma, não me deixaram completamente. Estou impressionado com a facilidade com que a leveza chegou. Onde foi parar aquele oceano pesado que me oprimia tão intensa e repentinamente há pouco tempo? Pergunto a ela onde está o medo agora. Anna: "Ele se foi". "E o que você sente no corpo?" Anna: "Estou bem..., mas... tenho uma pedra no estômago, aqui, na boca do estômago..., mas percebo que estou acostumada com isso". É aí que os metros cúbicos que oprimiam a sala foram parar, eu acho. Um oceano de peso escuro que coagula em uma pequena pedra, em um amém. "Coloque a mão lá, na pedra...". Anna pressiona as primeiras falanges dos dedos, como meu professor de semiótica médica fazia durante o estágio no hospital: um gesto exploratório e intrusivo, como procurar uma pedra nas vísceras. "Espere, com mais gentileza... assim". Eu indico com a minha mão sobre o meu estômago como ela deve fazer. Anna assente, ajusta a mão, agora com um toque gentil e suave. Começa a chorar. Algo móvel, quente, se move entre nós. Isso vem até mim, me toca, me entristece. Me faz bem.

"Eu não sei por quê, não importa agora..., mas minha mãe me vem à mente". Tudo muda novamente: não existe mais um oceano que se concentra em uma pedra, não existe mais vonta-

de de escapar, não me sinto mais um covarde em fuga. Algo se abre, estou pronto, agora estou realmente pronto e não apenas esperando por algo. Agora eu quero seguir essa trilha, a todo custo, meu interesse é máximo. Anna: "Não sei por que ela me vem à cabeça... fiz tantos anos de terapia e trabalhei muito sobre a minha mãe...". "Eu também não sei por que ..., mas eu gostaria que você continuasse". O pai de Anna já tinha outra família e ela e a mãe foram abandonadas logo após o nascimento de Anna. Desde então, a mãe teve períodos depressivos muito graves, que se agravaram principalmente durante a adolescência de Anna. Sua mãe costumava dizer que queria acabar com isso, a atmosfera da casa era muito pesada, tensa, sombria e silenciosa, Anna sobreviveu, conseguindo se separar desse clima, esforçando-se muito na escola, tendo amigos e, de alguma forma, levando duas vidas separadas, uma em casa e outra fora de casa. Quando Anna tinha 20 anos, sua mãe teve um episódio particularmente longo e grave. Depois de meses naquele abismo, um dia Anna chegou em casa e não encontrou a mãe. Esta foi encontrada após quatro dias de buscas, enforcada em um bosque. Anna ficou sozinha em casa naqueles dias de espera angustiante, continuou ali depois de tudo.

Agora não sinto peso, sinto dor, Anna também sente dor, sentimos juntos. Sinto que estamos juntos com essa dor e isso nos faz bem. Pergunto para ela o que a ajudou, a sustentou naquele período. "Olhar para frente. Nunca mais parei de olhar para frente, para o meu futuro. Aquele dia, quando ela foi encontrada, foi terrível. Mas foi também o fim de um pesadelo, foi também uma libertação". Sinto a verdade no que ela diz, gostaria de lhe dizer que, é isso mesmo, é assim, que ela finalmente estava livre, que era hora de viver sua vida! Mas quando ela diz "foi também uma libertação", sinto outra coisa. Não sei o quê, mas alguma coisa me faz mal, de novo, na boca do estômago. Eu exploro mais, provocando novamente. Eu pergunto quem estava com ela na época. Havia muitas pessoas, mas ninguém compartilhou a vida que ela levava com sua mãe, ninguém entrava ali. Para mim, parece que a morte da mãe foi um golpe da lâmina que a libertou de um peso que a oprimia, como quando a corda que segura um balão de ar quente é cortada do lastro que o prende ao chão, e o balão, finalmente livre, voa. É uma bela imagem que a sustentou nesses 20 anos após o suicídio da mãe, uma liberdade legitimada durante anos de terapia.

Então, o que está faltando, o que está roendo meu estômago? De uma maneira inesperada, meu pai me vem à mente, sua morte, o que me sustentou quando, aos nove anos, a vida virou de cabeça para baixo, devastada por um tsunami. Volta o terror daquele momento. E depois, os anos em que reencontrei meu pai. De repente, meu futuro adolescente me apoia, a vida me empurrava para a frente e eu queria segui-la, mas depois foi essencial encontrar uma maneira de levar meu pai comigo.

"Olhar para o futuro certamente a apoiou... E o que você carrega da sua mãe? O que você tem dela?". Anna fica parada, o tempo para por um instante, suspenso, ela olha para mim como se estivesse me vendo pela primeira vez, as pupilas ficam maiores, ela está olhando para algo que nunca tinha visto, a pergunta a coloca na frente de uma nova paisagem. "Eu não sei, nunca pensei nisso... depois do funeral eu fugi, encerrei aquela vida, e já estavam presentes aquele que se tornou meu marido, o estudo, os meus amigos. A minha vida começou, finalmente feliz. E livre". O tempo agora flui sem obstáculos. "O que são essas lágrimas que escorrem pelo seu rosto? Parecem novas, diferentes das anteriores...". "Sim... não sei... eu sinto muito pela minha mãe. Não sei, sinto muito por ela... e talvez sinta falta dela....". Anna agora chora com uma liberdade nova e com novas lágrimas.

"Eu nunca tinha percebido isso... Minha vida era bonita, mas eu fugi do pesadelo sem olhar para trás. Na verdade, quando olhava para trás, só via o pesadelo que eu tinha abandonado. Às vezes, eu sonhava, com terror, que minha mãe voltava, e eu fugia. Agora, sinto outra coisa...". Anna agora pode me olhar sem se afastar, e eu também. Nós dois nos inclinamos para a frente, nos aproximamos. Está presente uma dor, uma dor boa, que cheira a algo novo. "O que você aprendeu com a sua mãe?". Anna sorri, um raio de alegria ilumina seu rosto. "Bem... acho que muitas coisas; na verdade, nunca tinha pensado nisso... bem, aprendi a dançar com ela: ela colocava a música e nós dançávamos e dançávamos juntas, parecíamos bobas e era lindo. Ela gostava tanto de Cohen, sempre escutava, eram momentos muito bonitos. Sim, a paixão pela música, a dança vieram dela... e também o desenho, ela adorava desenhar, ela era muito boa, e eu também gosto de desenhar! Já desenhei e cantei com meu filho..., mas nunca tinha pensado que isso viesse dela". A atmosfera está diferente agora: agora tudo está presente, a leveza não está em outro lugar, ela vem daquele mesmo mundo que antes era apenas sombrio e pesado; agora é intenso, doloroso e alegre ao mesmo tempo. "Por exemplo, de qual música você gostava?". Anna para; pensativa. "Eu me lembro daquela música do Cohen, Anthem, eu acho... aquela que diz 'There is a crack in everything/ that's how the light comes in./ That's how the light comes in... (Há uma rachadura em tudo/ é assim que a luz entra./ É assim que a luz entra ...)'". Juntamente com essas palavras, uma nova consciência surge, uma nova dor toma forma, uma luz diferente ilumina a paisagem, transformando-a, Anna chora e sorri, uma profunda gratidão emerge, por ela, por mim, pela mãe, por aqueles que cantaram aquela música, pelo grupo que se comoveu conosco, por poder viver esse momento, pela vida. Agora, eu seguro as mãos de Anna, ela aperta as minhas. Sem a necessidade de palavras, nós nos abraçamos. Anna soluça, uma ternura profunda me toma. Ficamos assim, o tempo necessário, depois nos cumprimentamos.

    O grupo, tocado e comovido, espera para depois compartilhar as experiências vividas durante o trabalho.

REFERÊNCIAS

Alessandrini, M., & di Giannantonio, M. (2013). L'altro volto del mondo: la issoci nascente secondo Klaus Conrad. *Rivista sperimentale di freniatria*, CXXXVII, 3, 27-45. Doi: 10.3280/RSF2013-003003.

Alvim Botelho, M. (2016). *Id of the Situation as the Common Ground of Experience*. In: Robine J.-M., ed., *Self. A Polyphony of Contemporary Gestalt Therapists*. St. Romain-La-Virvée: L'Exprimerie.

Ancelin Schützenberger, A. (1993). *Aie, mes aïeux!* Paris: Desclée de Brouwer, 16th ed., 2007 (Eng. Trans.: *The Ancestors Syndrome: Transgenerational Psychotherapy and the Hidden Links in the Family Tree*. New York: Routledge, 1998).

Ash, M. G. (1995). *Gestalt Psychology in German Culture (1890-1967). Holism and the Quest for Objectivity*. New York: Cambridge University Press.

Bar-On, D. (1995). *Fear and Hope. Three Generations of the Holocaust*. Cambridge-London: Harvard University Press.

Bauman, Z. (2002). *Liquid Modernity*. Polity Press, Cambridge.

Baumgarten, A. G. (1750). *Aesthetica*. Frankfurt/Oder; reprinted by Georg Olms, Hildesheim and New York, 1970.

Bateson, G. (1979). *Mind and Nature. A Necessary Unity*. Toronto: Bantam Books.

Beck, R. L. (1987). The Genogram as a Process. *American Journal of Family Therapy*, 15, 343-351.

Benasayag, M., & Schmit, G. (2006). *Les passions tristes: souffrance psychique et crise sociale*. Paris: Editions La Découverte.

Blak,e W. (1863). Auguries of Innocence. In: *The Pickering Manuscript*. Whitefish, MT: Kessinger, 2004.

Blankenburg, W. (1998). *Der Verlust der naturlichen Selbstverstandlichkeit. Ein Beitrag zur Psychopathologie symptomarmer Schizophrenien*. Stuttgart: Enke, 1971 (Italian trans.: *La issoci dell'evidenza naturale*. Milano: Raffaello Cortina Editore).

Bloom, D. (2003). "Tiger! Tiger! Burning Bright". Aesthetic Values as Clinical Values in Gestalt Therapy. In Spagnuolo Lobb, M. and Amendt-Lyon, N. (eds.), *Creative License. The Art of Gestalt Therapy*. Springer-Verlag, Wien and New York, pp. 63-78.

Bloom, D. (2005). A centennial celebration of Laura Perls: The aesthetic of commitment. *British Gestalt Journal*, 14, 2: 81-90.

Bloom, D. (2016). *The Relational Function of Self: Self Function on the Most Human Plane*. In: J.-M. Robine (Ed.). *Self. A Polyphony of Contemporary Gestalt Therapists*. St. Romaine-La-Virvée: L'Exprimerie.

Bloom, D., & O'Neill, B. (Eds.) (2014). *The New York Institute for Gestalt Therapy in the 21st century. An Anthology of Published Writings since 2000*. Peregian Beach (Australia): Ravenwood Press.

Borgna, E. (2006). *I conflitti del conoscere. Struttura del sapere ed esperienza della follia*. Milano: Feltrinelli.

Borgna, E. (2011). *La solitudine dell'anima*. Milano: Feltrinelli.

Borgna, E. (2017). *L'ascolto gentile. Racconti clinici*. Torino: Einaudi.

Borgna, E. (2019). *La follia che è anche in noi*. Torino: Einaudi.

Boszormenyi-Nagy, I., & Spark, G. M. (1973). *Invisible Loyalties. Reciprocity in Intergenerational Family Therapy*. New York: Harper & Row (reprinted by Brunner-Mazel, New York, 1984).

Bottaccioli, F. (2014). *Epigenetica e psiconeuroendocrinoimmunologia*. Milano: Edra.

Bowen, M. (1978). *Family Therapy in Clinical Practice*. New York: Jason Aronson.

Böhme, G. (2010). *Atmosfere, estasi, messe in scena. L'estetica come teoria generale della percezione*. Milano: Marinotti (or. Ed.: *Aisthetik. Vorlesungen über Ästhetik als allgemeine Wahrnehmungslehre*. München: Wilhelm Fink Verlag, 2001).

Böhme, G. (2017). *The Aesthetics of Atmospheres*. New York: Routledge.

Bromberg, P. M. (1998). *Standing in the Spaces. Essays on Clinical Process Trauma and Dissociation*. New York: Routledge.

Buber, M. (1923). *I and Thou*. New York: Simon & Schuster, New York.

Callieri, B. (2001). *Quando vince l'ombra*. Roma: Città Nuova.

Cancrini, L. (2006). *L'oceano borderline. Racconti di issoci*. Milano: Raffaello Cortina Editore.

Carter, B., & McGoldrick, M. (1998). *The Changing Family Life Cycle*. Boston, MA: Allyn & Bacon.

Carter, B., & McGoldrick M. (Eds.) (2003). *The Expanded Life Cycle: Individual. Family and Social Perspectives*. Boston, MA: Allyn & Bacon.

Chomsky, N. (1968). *Language and Mind*. Harcourt. New York: Brace and World.

Civita, A. (1999). *Psicopatologia. um'introduzione storica*. Roma: Carocci.

Conrad, K. (1958). *Die beginnende Schizophrenie* [Incipient schizophrenia]. Stuttgart: Thieme.

Cortelazzo, M., & Zolli, P. (1983). *DELI, Dizionario etimologico della lingua italiana*. Bologna: Zanichelli.

Craparo, G., Ortu F., van der Hart O. (2019). *Rediscovering Pierre Janet. Trauma, Dissociation and a New Context for Psychoanalysis*. New York: Routledge.

Damasio, A. (2010). *Self Comes to Mind. Constructing the Conscious Brain*. New York: Pantheon Books.

Danieli, Y. (1993). The Diagnostic and Therapeutic Use of the Multigenerational Family Tree in Working with Survivors and Children of Survivors of the Nazi-Holocaust. In J. P. Wilson, & B. Raphael (Eds.). *International Handbook of Traumatic Stress Syndrome*. New York: Plenum Press.

Eagle, M.N. (2010). *From Classical to Contemporary Psychoanalysis. A Critique and Integration*. New York: Routledge.

Fachinelli, E. (1989). *La mente estatica*. Milano: Adelphi, Milano.

Frances, A. (2014). *Saving Normal: An Insider's Revolt Against Out-of-Control Psychiatric Diagnosis, DSM-5, Big Pharma, and the Medicalization of Ordinary Life*. New York: William Morrow & Co.

Francesetti, G. (Ed.) (2007). *Panick Attacks and Postmodernity. Gestalt Therapy Between Clinical and Social Perspectives*.Milano: FrancoAngeli.

Francesetti, G. (2012). Pain and Beauty. From Psychopathology to the Aesthetics of Contact. *British Gestalt Journal*, 21(2), 4-18.

Francesetti, G. (2015). From Individual Symptoms to Psychopathological Fields. Towards a Field Perspective on Clinical Human Suffering, *British Gestalt Journal*, 24(1), 5-19.

Francesetti, G. (2016a). "You Cry, I Feel Pain". The Emerging, Co-created Self as the Foundation of Anthropology, Psychopathology anissociatnt in Gestalt Therapy. In J-M. Robine. (Ed.). *Self. A Polyphony of Contemporary Gestalt Therapists*. St. Romain-La-Virvée: L'Exprimerie.

Francesetti, G. (2016b). Transmission and Transformation of Psychpathological Fields Across Generations. In M. Spagnuolo Lobb, N. Levi, & A. Williams. (Eds.). *Gestalt Therapy with Children: From Epistemology to Clinical Practice*. Siracusa: Istituto di Gestalt HCC Italy Publ. Co.

Francesetti, G. (2019a). A Clinical Exploration of Atmospheres. Towards a Field-based Clinical Practice. In G. Francesetti, & T. Griffero (Eds.). *Psychopathology and Atmospheres. Neither Inside nor Outside*. Newcastle upon Tyne (UK): Cambridge Scholars Publishing.

Francesetti, G. (2019b). The Field Perspective in Clinical Practice: Towards a Theory of Therapeutic Phronesis. In P. Brownell (Ed.). *Handbook for Theory, Research and Practice in Gestalt Therapy*. Newcastle upon Tyne (UK): Cambridge Scholars Publishing.

Francesetti, G. (2020). *Bearing the Unbearable. A Gestalt Therapy Perspective on Psychopathy*.

Francesetti, G., Gecele M. (2009). A Gestalt Therapy Perspective on Psychopathology and Diagnosis. *British Gestalt Journal*, 18(2), 5-20.

Francesetti, G., Gecele M. (2011). *L'altro irraggiungibile. La psicoterapia della Gestalt con le esperienze depressive*. Milano: FrancoAngeli.

Francesetti, G., Gecele, M., & Roubal, J. (2013). *Gestalt Therapy in Clinical Practice. From Psychopathology to the Aesthetics of Contact*. Milano: FrancoAngeli (reprinted by Istituto di Gestalt HCC Italy, Siracusa, 2014).

Francesetti, G., & Spagnuolo, Lobb M. (2013). Beyond the Pillars of Hercules. A Gestalt Therapy Perspective of Psychotic Experiences. In: G. Francesetti, M. Gecele, & J. Roubal (Eds.) *Gestalt Therapy in Clinical Practice. From Psychopathology to the Aesthetics of Contact*. Milano: FrancoAngeli.

Francesetti, G., & Griffero, T. (Eds.). (2019). *Psychopathology and Atmospheres. Neither Inside nor Outside.* Newcastle upon Tyne (UK): Cambridge Scholars Publishing.

Francesetti, G., Kerry-Reed, E., & Vázquez Bandín, C. (Eds.). (2019). *Obsessive-Compulsive Experiences: A Gestalt Therapy Perspective.* Madrid: Los Libros del CTP Publishing Co.

Francesetti, G., & Roubal, J. (2020). Field Theory in Contemporary Gestalt Therapy. Towards a Field Based Clinical Practice. *Gestalt Review.*

Freud, S. (1913). *Totem and Taboo.* Standard Edition. New York-London: Routledge and Kegan Paul, 1950.

Gallese, V. (2006a). Intentional Attunement: A Neurophysiological Perspective on Social Cognition and Its Disruption in Autism. *Experimental Brain Research*, 1079, 15-24.

Gallese, V. (2006b). Mirror Neurons and Intentional Attunement: A Commentary on David Olds. *Journal of the American Psychoanalytic Association*, 54, 46-57.

Gallese, V., Eagle, M.N., & Migone, P. (2007). Intentional Attunement: Mirror Neurons and the Neural Underpinnings of Interpersonal Relations. *Journal of the American Psychoanalytic Association*, 55(1), 131-176.

Gecele, M. (2013). Introduction to Personality Disturbances. Diagnostic and Social Remarks. In G. Francesetti, M. Gecele, & J. Roubal. (Eds.). *Gestalt Therapy in Clinical Practice. From Psychopathology to the Aesthetics of Contact.* Milano: FrancoAngeli.

Gecele, M., & Francesetti, G. (2020). *L'esperienza borderline come adattamento creativo della contemporaneità. Una prospettiva gestaltica.*

Greenberg, E. (2016). *Borderline, Narcissistic and Schizoid Adaptations. The Pursuit of Love, Admiration and Safety.* CreateSpace Independent Publishing Platform.

Greenberg, J. R., Mitchell S.A. (1983). *Object Relations in Psychoanalytic Theory.* Cambridge, MA: Cambridge University Press.

Griesinger, W. (1861). *Pathologie und Therapie der psychischen Krankheiten [Pathology and treatment of mental diseases].* Stuttgart: Krabbe.

Griffero, T. (2010). *Atmosferologia. Estetica degli spazi emozionali*. Romo-Bari: Laterza.

Griffero, T. (2017). *Quasi-Things. The Paradigm of Atmospheres*. Albany, NY: SUNY Press.

Grossman, D. (2014). *Falling Out of Time*. New York: Vintage Books.

Herman, J. L. (1992). *Trauma and Recovery: The Aftermath of Violence*. New York: Basic Books.

Hochberg, Z., Feil R., Constancia, M, Junien, C., Carel, J. C., ... & Scharfmann, R. (2011). Child Health, Developmental Plasticity, and Epigenetic Programming. *Endocrine Reviews*, 32, 159–224.

Hofer, M. (2014). The Emerging Synthesis of Development and Evolution. A New Biology for Psychoanalysis. *Neuropsychoanalysis*, 16(1), 3-22.

Hugdahl, K. (1995). Classical Conditioning and Implicit Learning: the Right Hemisphere Hypothesis. In: Davidson R.J., Hughdahl K. (Eds.), *Brain Asymmetry*. Cambridge, MA: MIT Press.

Husserl, E. (1931). *Ideas. General Introduction to Pure Phenomenology*. New York: MacMillan.

Jacobs, T. (1986), On Countertransference Enactments, *Journal of the American Psychoanalytical Association*, 34, 289-307.

Jacobs, L., Hycner R. (Eds.) (2009). *Relational Approaches in Gestalt Therapy*. New York: Routledge, Taylor & Francis Group. (1st ed.: A Gestalt Press Book, New York, NY).

Jaspers, K. (1963). *General Psychopathology* (trans. from German by J. Hoenig & M.W. Hamilton). Manchester: Manchester University Press.

Kernberg, O. F. (1975). *Borderline Conditions an Pathological Narcissism*. New York: Jason Aronson.

Kernberg. O. F. (1993). *Severe Personality Disorders. Psychotherapeutic Strategies*. New Haven, CT:Yale University Press.

Kirsch, I. (2009). *The Emperor's New Drugs. Exploding the Antidepressant Myth*. London: The Bodley Head, London.

Klaren, G., Levi, N., & Vidakovic, I. (Eds.). (2013). *Yes, We Care! Social, Political and Culturale Relationships as Therapy's Ground. A Gestalt Perspecitve*. The Netherlands: EAGT.

Laborit, H. (1979). *L'inhibition de l'action. Biologie, physiologie, psychologie, sociologie*. Paris: Masson.

Lingiardi, V. (2014). Prefazione all'edizione italiana. In: Mucci C., *Trauma e perdono. Una prospettiva psicoanalitica intergenerazionale*. Milano: Raffaello Cortina Editore.

Lingiardi, V. (2018). *Diagnosi e destino*. Torino: Einaudi.

Lingiardi, V., Amadei, G., Caviglia, G., & De Bei F. (Eds.). (2011). *La svolta relazionale. Itinerari italiani*. Milano: Raffaello Cortina Editore.

Liotti, G. (2005). Trauma e dissociazionisla lucissla teoria dell'attaccamento. *Infanzia e adolescenza*, 4(3), 130-144.

Liotti, G., & Farina, B. (2011). *Sviluppi traumatici. Eziopatogenesi, clinica e terapia della dimensionissociativeva*. Milano: Raffaello Cortina Editore.

Lyons-Ruth, K., & Block, D. (1996). The Disturbed Caregiving System: Relations Among Childhood Trauma, Maternal Caregiving, and Infant Affect and Attachment. *Infant Mental Health Journal*, 17, 257-75.

Marion, J-L. (2003). *The Erotic Phenomenon*. Chicago, IL: University of Chicago Press.

Markowitsch, H. J., Reinkemeier, A., Kessler, J., Koyuncu, A., &Heiss W. D. (2000). Right Amygdala and Temperofrontal Activation During Autobiographical, but not Fictitious, Memory Retrieval. *Behavioural Neurology*, 12, 181-190.

Masterson, J. F. (2014). *The Narcissistic and Borderline Disorders: an Integrated Developmental Approach*. New York: Routledge.

McGowan, P. O., Meaney, M. J., & Szyf, M. (2008). Diet and the Epigenetic (Re)programming of Phenotypic Differences in Behavior. *Brain Research* 27(1237), 12-24.

Melnick, J. (2003). Countertransference and the Gestalt Approach. *British Gestalt Journal*, 12(1), 40-48.

Melnick, J. (2013). Comment to: "Gestalt Therapy Approach to Depressive Experiences", by Gianni Francesetti and Jan Roubal. In: Francesetti G., Gecele M., Roubal J. (Eds.), *Gestalt Therapy in Clinical Practice. From Psychopathology to the Aesthetics of Contact*. Milano: FrancoAngeli.

Melnick, J., & Nevis, E. C. (Eds.) (2009). *Mending the World. Social Healing Interventions by. Gestalt Practitioners Worldwide*. Bloomington, IN: Xlibris.

Merleau-Ponty, M. (1945). *Phenomenology of Perception. An Introduction*. London-New York: Routldege, 2003.

Metzger, W. (1941). *I fondamenti della psicologia della Gestalt*. Firenze: Giunti Barbera, 1971 (or. ed.: Metzger, Wolfgang. 1941. *Die Entwicklung ihrer Grundannahmen seit der Einführung des Experiments*. Dietrich Steinkopff Verlag, Darmstadt).

Monod, J. (1970). *Chance and Necessity: Essay on the Natural Philosophy of Modern Biology*. New York: Vintage, 1971.

Morin, E. (2008). *On Complexity*. Cresskill, NY: Hampton Press.

Mucci, C. (2013). *Beyond Individual and Collective Trauma. Intergenerational Transmission, Psychoanalytic Treatment, and the Dynamics of Forgiveness*. London: Karnac Books.

Noe, A. (2010). *Out of Our Heads. Why You Are Not Your Brain, and Other Lessons from the Biology of Consciousness*. New York: Hill & Wang.

Norcross, J. C. (Ed.). (2011). *Psychotherapy Relationships That Work: Evidence-Based Responsiveness*. New York: Oxford University Press USA.

O'Neill, B. (2008). Relativistic Quantum Field Theory: Implications for Gestalt Therapy. *Gestalt Review*, 12(1), 7-23.

Pagnini, M. (Ed.) (2010). *Filosofia della medicina. Epistemologia, ontologia, etica, diritto*. Roma: Carocci.

Parlett, M. (2015). *Future Sense. Five Explorations for an Awakening World*. Leicester, UK: Matador.

Perls, F. (1942). *Ego, Hunger, and Aggression. A Revision of Freud's Theory and Method*. G. London: Allen & Unwin, 1947; New York: Random House, 1969.

Perls F., Hefferline, R., & Goodman, P. (1951). *Gestalt Therapy. Excitement and Growth in the Human Personality*. Gouldsboro, ME: Gestalt Journal Press 1994.

Perls, L. (1992). *Living at the Boundary*. Highland, NY: The Gestalt Journal Press, 2001.

Philippson, P. (2009). *The Emergent Self. An Existential-Gestalt Approach*. London, Karnac Books.

Porges, S.W. (2011). *The Polyvagal Theory. Neurophysiological Foundations of Emotions, Attachment, Communication, and Self-Regulation*. New York: W.W. Norton & Co.

Putnam, F. W. (1992). Are Alter Personalities Fragments or Figments? *Psychoanalytic Inquiry*, 12(1), 95-111.

Rank, O. (1932). *Art and Artist. Creative Urge and Personality Development*. New York: W.W. Norton & Co., 1989.

Rizzolatti, G., & Sinigaglia, C. (2006). *So quel che fai. Il cervello che agisce e i neuroni specchio*. Milano: Raffaello Cortina Editore.

Robine, J.-M. (2004). *Plis et Deplis du Self*. Institut Français de Gestalt-thérapie, Bordeaux.

Robine, J-M. (2006). *La psychothérapie comme esthétique*. L'Exprimerie, Bordeaux (English transl.: *International Gestalt Journal*, vol. 30, n. 1, 2007).

Robine, J-M. (2008). Le fond du champ. En arrière-plan du concept. *Cahiers de Gestalt-thérapie*, 22(1), 197-210.

Robine, J-M. (2015). *Social Change Begins with Two*. Siracusa: Istituto di Gestalt HCC Italy Publ. Co. (Or. ed.: *Le changement social commence à deux. Etudes pour la psychothérapie*. St. Romain-la-Virvée: L'Exprimerie, 2012).

Robine, J-M. (2013). Shame. In: Francesetti G., Gecele M., Roubal J. (Eds.), *Gestalt Therapy in Clinical Practice. From Psychopathology to the Aesthetics of Contact*. Milano: FrancoAngeli.

Robine, J-M. (2016). *Self. A Polyphony of Contemporary Gestalt Therapists*. St. Romain-la-Virvée: L'Exprimerie.

Rosa, H. (2010). *Alienation and Acceleration: Towards a Critical Theory of Late-Modern Temporality*. Aarhus: Aarhus University Press.

Roubal, J. (2019). *Foreword*. In: G. Francesetti, E. Kerry-Reed, & C. Vázquez Bandín (Eds.) (2019). *Obsessive-Compulsive Experiences: A Gestalt Therapy Perspective*. Madrid: Los Libros del CTP Publishing Co.

Roubal, J., & Francesetti G. (2020). Field Theory in Contemporary Gestalt Therapy. Paradoxical Theory of Change Reconsidered. *Gestalt Review*.

Salonia, G. (2001). Tempo e relazione. L'intenzionalità relazionale come orizzonte ermeneutico della psicoterapia della Gestalt. In: M. Spagnuolo Lobb. (Ed.). *Psicoterapia della Gestalt. Ermeneutica e clínica*. Milano: FrancoAngeli.

Salonia, G. (2004). *Sulla felicità e dintorni. Tra corpo, tempo e parola*. Ragusa: ARGO Edizioni.

Salonia, G. (2007). Social Changes and Psychological Disorders. Panick Attacks in Postmodernity. In: Francesetti G., ed., *Panick Attacks and Post-modernity. Gestalt Therapy Between Clinical and Social Perspectives*. Milano: FrancoAngeli.

Salonia, G. (2013). Social Context and Psychotherapy. In: Francesetti G., Gecele M., Roubal J., eds, *Gestalt Therapy in Clinical Practice. From Psychopathology to the Aesthetics of Contact*. Milano: FrancoAngeli.

Sartre, J-P. (1946). *Existentialism Is a Humanism*. New Haven: Yale University Press, 2007

Schiffer, F., Teicher, M. H., & Papanicolau, A. C. (1995). Evoked Potential Evidence for Right Brain Activity During the Recall of Traumatic Memories. *Journal of Neuropsychiatry and Clinical Neurosciences*, 7(2), 169-75.

Schmitz, H. (2011). *Nuova fenomenologia. Un'introduzione*. Milano: Christian Marinotti.

Schneider, K. (1959). *Clinical Psychopathology*. New York: Grune & Stratton.

Schore, A. N. (2010). Relational Trauma and the Developing Right Brain: The Neurobiology of Broken Attachment Bonds. In T. Baradon, (Ed.). *Relational Trauma in Infancy*. London: Routledge.

Spagnuolo, Lobb, M. (Ed.). (2001). *Psicoterapia della Gestalt. Ermeneutica e clínica*. Milano: FrancoAngeli.

Spagnuolo Lobb, M. (2013a). Borderline. The Wound of the Boundary. In: Francesetti G., Gecele M., Roubal J. (Eds.), *Gestalt Therapy in Clinical Practice. From Psychopathology to the Aesthetics of Contact*. Milano: FrancoAngeli.

Spagnuolo Lobb, M. (2013b). Fundamentals and Development of Gestalt Therapy in the Contemporary Context. In G. Francesetti, M. Gecele, & J. Roubal. (Eds.), *Gestalt Therapy in Clinical Practice. From Psychopathology to the Aesthetics of Contact*. Milano: FrancoAngeli, Milano.

Spagnuolo Lobb, M. (2013c). *The now-for-next in psychotherapy. Gestalt Therapy Recounted in Post-Modern Society*. Molano: FrancoAngeli.

Spagnuolo Lobb, M. (2016). Self as Contact, Contact as Self. A Contribution to Ground Experience in Gestalt Therapy Theory of Self. In J-M. Robine (Ed.). *Self. A Poliphony of Contemporary Gestalt Therapists*. St. Romain la Virvée: L'Exprimerie.

Spector, T. (2012). *Identically Different. Why You Can Change Your Genes*. London: Weidenfeld & Nicolson.

Spitz, R. A. (1965). *The First Year of Life*. New York, International Universities Press.

Staemmler F.-M. (2009). *Aggression, Time, and Understanding: Contributions to the Evolution of Gestalt Therapy*. Cambridge, MA: Gestalt Press.

Stanghellini, G., Broome, M., Raballo, A., Fernandez, A. V., Fusar-Poli, P., & Rosfort R. (Eds.) (2019). *The Oxford Handbook of Phenomenological Psychopathology*. Oxford: Oxford University Press.

Stern, D. B. (1997). *Unformulated Experience. From Dissociation to Imagination in Psychoanalysis*. New York: Routledge.

Stern, D. B. (2013a). Field Theory in Psychoanalysis. Part 1: Harry Stack Sullivan and Madeleine and willy Baranger. *Psychoanalytic Dialogues*, 23, 487-501.

Stern, D. B. (2013b). Field Theory in Psychoanalysis. Part 2: Bionian Field Theory and Contemporary Interpersonal/relational Psychoanalysis. *Psychoanalytic Dialogues*, 23, 630-645.

Stern, D. N. (1985). *The Interpersonal World of the Infant. A View from Psychoanalysis and Developmental Psychology*. New York: Basic Books.

Stolorow, R.D. (2007). *Trauma and Human Existence: Autobiographical, Psychoanalytic and Philosophical Reflections*. New York: Routledge, New York, NY.

Straus, E. (1935). *Vom Sinn der Sinne. Ein Beitrag zur Grundlegung der Psychologie*. Berlin, Springer Verlag, 1956 (English trans.: *The Primary World of Senses: A Vindication of Sensory Experience*. Free Press of Glencoe, New York, 1963).

Sullivan, H. S. (1953). *The Interpersonal Theory of Psychiatry*. New York: W.W. Norton & Co.

Taylor, M. (2014). *Trauma Therapy and Clinical Practice: Neuroscience, Gestalt and the Body*. Maidenhead, UK: Open University Press.

Tellenbach, H. (1968). *L'aroma del mondo. Gusto, olfatto e atmosfere*. Milano: Christian Marinotti, 2013 (or. ed.: *Geschmak und Atmosphäre: Medien menschlichen Elementarkontakts*. Salzburg: Otto Müller Verlag, 1968).

The Boston Change Process Study Group (2010). *Change in Psychotherapy. A Unifying Paradigm*. New York: W.W. Norton & Co.

Vaillant, G. E. (1992). *Ego Mechanisms of Defense: A Guide for Clinicians and Researchers*. Washington DC: American Psychiatric Press.

Van der Kolk, B. (2014). *The Body Keeps the Score. Brain, Mind, and Body in the Healing of Trauma*. Londosn: Penguin.

Vázquez Bandín, C. (2008). *Buscando las palabras para decir*. Madrid: Ed. Sociedad de Cultura Valle-Inclán, Colección Los Libros del CTP.

Vázquez Bandín, C. (2014). *Sin tí no puedo ser yo. Pensando según la terapia Gestalt*. Madrid: Los Libros de CTP.

Waldenfels, B. (2011). *Phenomenology of the Alien. Basic Concepts*. Evanston, IL: Northwestern University Press.

Wampold, B. E. (2001). *The Great Psychotherapy Debate: Models, Methods, and Findings*. New York: Routledge.

Weil, S. (1952). *Gravity and Grace*. Trans. by E. Crawford and M. von der Ruhr. London and New York: Routledge, 2002.

Weiss, J. (1993). *How Psychotherapy Works. Process and Technique*. New York: The Guilford Press.

Wiesing, L. (2014). *The Philosophy of Perception. Phenomenology and Image Theory*. London: Bloomsbury.

Yehuda, R., Daskalakis, N. P., Bierer, L. M., Bader, H. N., Klengel, T., Holsboer, F., & Binder, E. B. (2016). Holocaust exposure induced intergenerational effects on FKBP5 methylation. *Biological psychiatry*. doi:10.1016/j.biopsych.2015.08.005.

Yontef, G. (2001). Psychotherapy of schizoid process. *Transactional Analysis Journal*, 31(1), 7-23.

Zahavi, D. (2017). Thin, Thinner, Thinnest: Defining the Minimal Self. In C. Durt, T. Fuchs, & C. Tewes (Eds.). *Embodiment, Enaction, and Culture*. The MIT Press, Cambridge, MA.

Zimbardo, P. G. (2008). *The Lucifer Effect. Understanding How Good People Turn Evil*. London: Random House Trade.

SOBRE O AUTOR

GIANNI FRANCESETTI Psiquiatra; Gestalt terapeuta; Professor Adjunto de Abordagem Fenomenológico-existencial, no Dep. de Psicologia, Universidade de Turim (Itália); instrutor e supervisor internacional, ele publicou amplamente sobre psicoterapia e psicopatologia, explorando abordagens originais para entender o sofrimento clínico do ponto de vista fenomenológico e da Gestalt-terapia, propondo novos modelos para enquadrar transtornos clínicos específicos.

Seus livros foram traduzidos para várias línguas: Panic Attacks and Postmodernity (2005); Absence is a Bridge Between us. Gestalt Therapy perspective on Depressive Experiences (2011); Gestalt Therapy in Clinical Practice (2013); Psychopathology and Atmospheres (2019), Obsessive-Compulsive Experiences: A Gestalt Therapy Perspective (2019).

É presidente do IPsiG - Istituto di Psicopatologia e Psicoterapia della Gestalt - Gestalt Therapy Clinical Center de Torino.

Ex-presidente da EAGT (Associação Europeia de Gestalt Terapia), da SIPG (Sociedade Italiana de Gestalt terapia), da FIAP (Federação Italiana de Associações de Psicoterapia), membro do Instituto de Gestalt de Nova York, da Associação para o Avanço da Gestalt Terapia (AAGT), da Associação Europeia de Psicoterapia (EAP) e da Sociedade de Pesquisa em Psicoterapia (SPR).

www.ipsig.it
gianni.francesetti@gmail.com

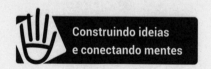

Este livro foi composto com tipografia ITC Berkeley Oldstyle Std
e impresso em papel Pólen Soft 80gr. em abril de 2023.